イラストでまるわかり！

入社1年目 人前であがらずに話す教科書

話し方マナーコミュニケーション講師
金森たかこ 著

マナーコンサルタント
西出ひろ子 監修

プレジデント社

はじめに

「人前であがらずに話せるようになりたい」

本書を手に取っていただいたみなさんの共通の願いは、きっとこれでしょう。実は、私もそのように悩んでいた一人でした。そんな私が、23歳で、フリーのアナウンサーとして、テレビやラジオ、司会などの仕事を行うようになったのですから、あなたもきっと、人前であがらずに話せるようになれます。

このようにお伝えすると、私が20代前半であがらなくなったと思われるかもしれません。いいえ、そうではないのです。アナウンサーという仕事をしていたのに、そのときも、いつもあがっていたのです。相当に悩みましたし、どうすれば、あがらないようになるのかと、さまざまな本を読んで勉強したり、セミナーに参加したりしていました。それでも、いつも変わらず、人前で話をする直前まで手に汗をかき、気持ちを落ち着かせようと、飲み物

を飲もうとしても手が震えて、うまく口にすることすらできない……。

そんな私が、あがることなく、人前で自然に楽しみながら話をすることができるようになったのは43歳のとき。真のマナーとの出合いが、私を変身させてくれました。目の前がパッと明るく開けたあの瞬間を、今でも忘れることはありません。

私が求めていたもの！　知りたかったことは、これなんだ！　と。

当時の私は、アナウンサーの経験を活かし、話し方の講師も行っていました。そんな私がなぜ、真のマナーと出合ったのかというと、きっかけは次のショッキングな出来事です。

私が教鞭をとっていた専門学校の生徒から、ある日、「先生は上手に話しているつもりかもしれないけど、俺には何を言っているのかさっぱりわからないよ」と言われたのです。

この言葉は、それまでの人生の中で、私をもっともどん底に突き落とした言葉でした。そして、他の生徒にも聞いてみたのです。すると、

「先生は、本当に話をするのがお上手だと思いますよ。声も美しいし。でも、ときに上手すぎて、生徒の私たちがついていけていないことに気づいていないところがあります。できない人の気持ちがわかっていないというか……そんな感じです」

私は、言葉を失いました。ガーンと頭を後ろからハンマーで叩かれた気がしました。

そう、私は自分自身が上手に話そうと夢中になるあまり、聞く人がどういう状態なのか気にかけていなかったのです。相手の立場にたって、相手を気にかける、すなわち、相手に思いやりの心を向けて話すこと。それが真のマナーの正体です。

昨年出版した『入社1年目 ビジネスマナーの教科書』で、私はその真のマナーをお伝えしました。おかげ様でビジネスマナー本のベストセラーとなり、多くの方に読んでいただいています。

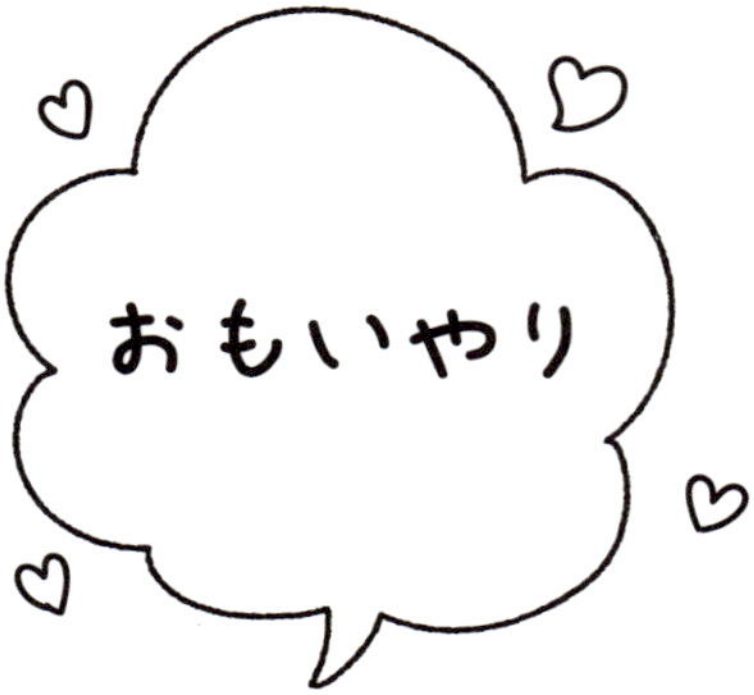

ビジネスマナーや人間関係に悩んでいた方から、「この本のおかげで、悩みが解決しました」「長年のマナーへの疑問が解決できました」など、多くの喜びの声をいただきました。

話し方とマナーに、どんな関係があるの？　と思われる方もいるでしょう。本編で具体的にお伝えしますが、先の私の失敗例からおわかりのとおり、あがる人は自分の意識、視点を、自分から聞く人に置き換えるるだけで、あがる頻度が劇的に減っていきます。

言い換えれば、あなたの気持ちと心を、聞く人の立場に合わせ、どういう話の構成で、どういう声のトーンで、どのような服装で話をすれば、喜んでくれるかな？　楽しんでくれるかな？　聞いてよかったと思ってくれるかな？　という相手中心の思考に変えていくのです。このように「相手の立場に立つ」「相手中心」……これこそが、私の伝える真のマナーです。そして、このマナーの本質を理解し、意識していれば、人前でも上手に話せるようになります。

この真のマナーを私に教えてくれたのが、国内外でマナー界のカリスマと称され活躍されている西出ひろ子先生です。西出先生は、マナーの専門家でありながら、実に話し方が

上手です。それは、単に滑舌や発音発声がわかりやすいということではありません。何百人、何千人の聴衆を一瞬にして惹き付け、一対一でも、相手が有名な経営者であろうが、VIP、エグゼクティブであっても、先生の言うことに深く納得し、会って話をすることで、信頼を得ています。また、西出先生は、あがることもないといいます。それは、先生自身がおっしゃっている「相手の立場に立ち、相手様をプラスにして差し上げる真のマナー」を心得ていらっしゃるからです。

このように、あがらずに話せるようになるには、真のマナーは不可欠です。だからこそ、今回、マナー講師であり、かつ、話し方の専門家である私が、あがらなくなる話し方の本を、類書とは異なる視点からお届けすることになりました。

本書では、マナーの本質と、私が30年間、研究と経験を重ねてきたあがらなくなる話し方の極意をお伝えしていきます。この本は「人前であがらずに話す教科書」ですが、「人前であがらずに話す強化書」とも言える本です。

話すということはコミュニケーション、つまり相手がいるものです。相手に伝わっていれば100点になり、伝わっていなければ0点なのです。

人前であがる、あがらないとか、うまく話せる、話せないとかは、伝わっているかどうかに対して補助的な役割でしかないということも、おわかりになると思います。

そう考えると、少し気持ちがラクになりませんか。

このようなことを頭に入れて、本書を読み進めていただければ幸いです。そのうえで、みなさんが「人前であがらずに話せるようになる」ことを心より願っております。

第1章

人前であがっても問題はありません

第2章

どうして人前であがってうまく話せないのか？

第3章

スムーズに話をするための7つの鉄則

第4章

「リラックス」した状態で本番をむかえるための方法

第5章

自己紹介、電話応対、スピーチ…シーン別あがらずに話すためのコツ

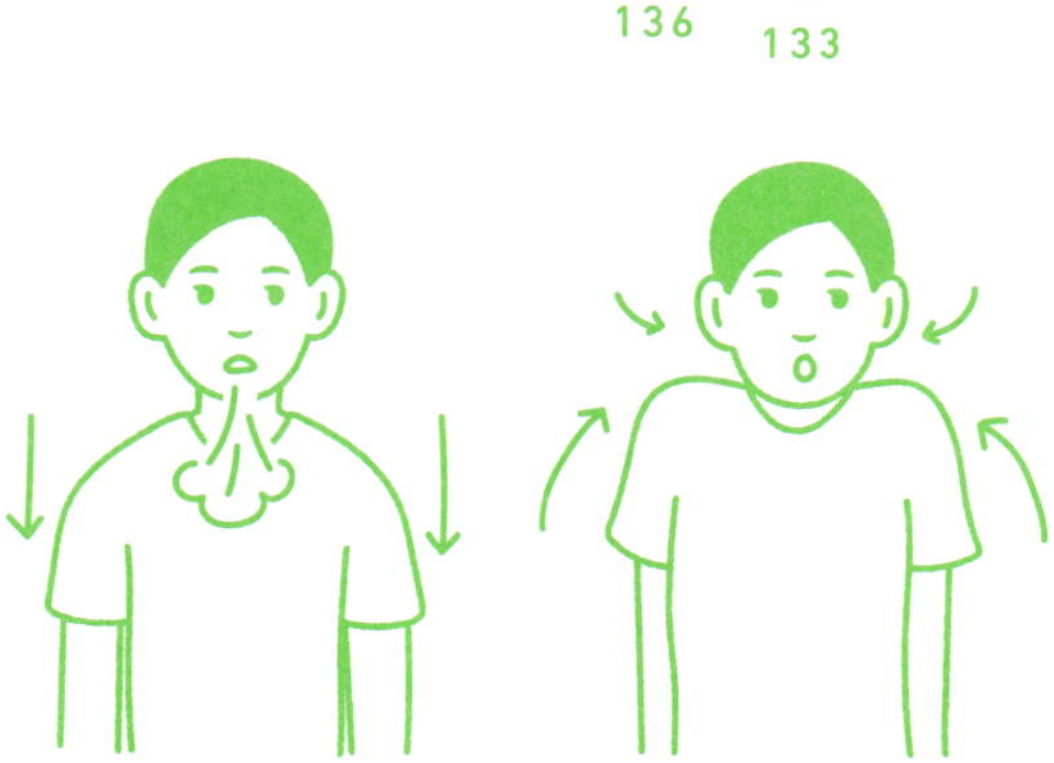

第1章

人前であがっても問題はありません

人前であがってしまうのは決して悪いことではない

人前であがってしまう——これは多くの人が抱えている悩みです。しかもそれが入社1年目ともなれば、なおのことです。では、「人前であがらずに話せる」ようになるには、どのような話し方をすればいいのでしょうか？　あるいは、どのようなスキルが必要なのでしょうか？　どんな心構えでいればいいのでしょうか？　それらを体系的に紹介していくのが本書です。

さて、ここで本章に入っていく前にお伝えしておきたいことがいくつかあります。「手っ取り早く人前であがらなくなるテクニックやノウハウを教えてほしい」という方もいるかもしれません。ですが、そういった方にほど、胸にとどめておいてもらいたいことですので、お付き合いいただければと思います。

胸にとどめておいてほしいこと、その一つ目は「あがってもいい」ということです。基本的に、必ずしも「あがらずに話せる」ようになる必要はありません。

少しきつい言い方になってしまうかもしれませんが、話し手であるみなさんが、あがって言葉に詰まってしまっても、あがらずに話しても、聞く人にとってはそこまで大きな問題ではありません。

人前であがったからといって、迷惑をかけているわけでもありませんし、人前であがらなかったからといって、誰かに恩恵を与えているわけでもないからです。

え？　って思われたかもしれませんね。でも本当のことです。

話すというのは、コミュニケーションです。話し手がいて、聞き手がいます。ビジネスでいえば、社内でのスピーチにしても、営業活動にしても、コンペでのプレゼンテーションでも、例外なく聞く人がいます。

こうしたコミュニケーションの場において大事なことは、あなたの言いたいことが、聞く人にきちんと伝わっているかどうかです。それ以上でもそれ以下でもありません。です

から、「あがる・あがらない」は、どうでもいいことなのです。

つまり、たとえあがってしまったとしても、言いたいことが相手に伝わっていれば100点満点中100点、ということになります。

まずはこのことを、頭のどこかにきちんと入れておいてください。この基本が抜け落ちてしまうと、いくらテクニックやノウハウを身につけたとしても、自己満足で終わってしまう可能性があります。

「（あがらずに話すテクニックを使ったことで）自分なりにうまく話せた！」と胸をなでおろしたとしても、聞く人がまったく理解していなかったのならば、100点中0点だということです。

「あがる・あがらない」は、どうでもいいこと。そんなふうに言われて、肩に力が入ってしまったかもしれませんが、ぜひ力を抜いて、こう考えてください。

「あがってもいい」
「あがることは何の問題もない」

と。思い出してみてください。結婚式の最後に、新婦のお父様がスピーチすることがありますよね。あのとき、多くのお父様が、言葉が言葉にならないほど緊張し、あがってしまっています。でも、そうしたお父様の緊張とは裏腹に、会場は涙・涙・涙です。それは、話し手の気持ちが聞く人に伝わっていることに他なりません。たとえお父様が緊張のあまり一言も話せなかったとしても、会場全体が感動に包まれれば、それで100点なのです。

「あがってもいい」と思えば、少し気がラクになりませんか？

あがらないために意識する話し方の基本5原則

胸にとどめておいてほしいことは、まだあります。先ほど「あがってもいい」とは書きましたが、それでもやはり、あがらないほうがいいですよね。

聞く人にきちんと伝わる確率でいっても、あがっていないほうが高いのは当然です。

あがらないためにできることは、大きく分けて2種類あります。

一つは「リラックス系」のものです。わかりやすく言えば、ストレッチや深呼吸、おまじない（「手のひらに人と書いて飲み込む」が有名ですね）などの方法で、あがってしまう自分を落ち着かせるというものです。

私は、これらの方法は〝栄養ドリンク〟のようなものだと思っています。栄養ドリンクは、疲れを根本的になくすものではなく、疲れがあってても何とかその日だけは頑張って乗り切るために使われるもの。一言で言えば、対症療法です。

対症療法を否定するつもりはまったくありませんが、やはり抜本的な解決法ではないため、補足的に用いるべきだと思います。本書ではおもに第4章で紹介していきます。

もう一つは、「意識系」のものです（こちらのほうが大切というのが私の持論です）。あがる人というのは、あがることを意識すれば意識するほど、つまり「あがらないようにしよう」と考えれば考えるほどあがっていきます。ですから意識を別の方向へシフトすることが必要です。

では、意識をどんなことへシフトすればいいのでしょうか。それは、次の5つとなります。

①表情・声
②身だしなみ
③姿勢・ジェスチャー
④あいさつ
⑤言い方・言葉遣い

私は、これらをまとめて「話し方の基本5原則」と呼んでいます。この5原則へ意識をシフトすることで、人の意識は「あがる」ということから解放されます。

この「話し方の基本5原則」はあがり症の克服にのみ効果があるわけではありません。この原則を身につけていれば、さまざまなコミュニケーション能力、つまりプレゼンテーションはもとより、電話応対など、目の前に人がいなくてもあがってしまうような場合にも役立ちます。さらに、プレゼンテーションで自社の製品を取り扱っていただけたり、第一印象で相手に好印象を与えることもできます。では、ここで「話し方の基本5原則」について、一つずつ紹介していくことにしましょう。

原則① 表情・声——表情や声のトーンが印象を大きく左右する

人前で話をするときに、聞く人への印象をもっとも大きく左右するのが、表情・声です。伝える内容がどんなに優れていても、話し方がどんなに流暢であったとしても、表情や声がそれに伴っていなければ、話す意図は聞く人に伝わりません。

たとえば、話の内容自体は相手をワクワクさせるようなものだったとしても、暗い声でボソボソと小声で話せば、相手はワクワクしないどころか、げんなりした気持ちになります。

表情も同じです。相手に謝らなければいけない場面で、表情が笑っていたら、どんなに反省した気持ちを伝えても、相手は「謝ってくれた」とは思わないでしょう。顔の表情に応じて、声のトーンやその大小は変わるということを覚えておきましょう。

このように、表情や声で、印象は180度変わります。

ですから、まずは、相手を「喜ばせたい」「納得させたい」「謝罪したい」などの気持ちを持つこと。そして、その気持ちとイコールになる表情や声のトーンにすることは、とても重要なのです。

とはいえ、どんなに気持ちがあっても、「それとイコールに思ってもらえる表情にするのは難しいよ」と思われる人も多いでしょう。そうです。特に日本人は、シャイな性質から、表情豊かにその気持ちを表現することに抵抗があったり、苦手意識を持っている人も少なくありません。では、どうすれば伝えたい内容が誤解なく伝わり、かつ、好印象を持ってもらえる表情や声を出すことができるのでしょうか。

ここで、「表情や声なんて、あがらなく話す手法を知りたいのに関係ないのでは」と思われた方もいらっしゃるかもしれませんね。おっしゃるとおりです。しかし、あがらなくなるためには、期間限定の栄養ドリンクに頼るだけではなく、この先ずっと、永遠にあがらなくなる自分になることが重要なのです。そのためには、話をする、ということに意識を置かず、話すこと以外の表情や声の大きさなどに意識を向けることで、知らぬ間に「あがる」ということすら、忘れてしまうわけです。

このような理由から、まずは表情から見ていきましょう。これからお伝えする表情トレーニングを行えば伝えたい内容と自身の表情を一致させ、相手に信頼されるようになります。信頼されているということは、相手は心の扉を開いてくれているわけですから、あなたが仮にあがっていたとしても、そんなことは気にすることでもなく、あがっているあなたをそのまま受け入れてくれます。あなたは何も不安に思うことなく、伝えたい内容をお話できることでしょう。大抵の場合、聞く人がどう思っているのかを気にしすぎて、うまく話さないといけないと思ってしまい、それがすなわち、あがるという現象を自ら引き起こしてしまうわけです。

まず、できれば、全身が映る姿見を用意します。姿見がなければ、顔だけ映る鏡でもよいでしょう。姿見の場合は、鏡の前に立ちます。

そして、鼻から下を紙やノートなどで隠したうえで、自分を見つめます。

さらに笑った顔、真剣な顔、怒った顔、悲しい顔をして、それぞれ自分がどのような「目」をしているのか見ていきます。笑った顔のときに、本当にその「目」が笑っているのか、怒った顔のときに、本当にその「目」が怒っているのかをチェックし、微調整しましょう。

なぜ鼻から下を隠すのかといえば、それは表情でもっとも大切なのが「目」だからです。目が笑っていれば、表情は笑っているものです。しかし目が笑っていないと、いくら口角が上がって、笑っているように見えても、表情全体では笑っているようには見えません。だから鼻から下を隠すのです。

こうした表情の練習は、あらたまって行うとかえって長続きしません。鏡を見ながらできるときに、随時練習してみましょう。たとえば、パソコンに向かって仕事中のブレイクタイムに、パソコンの画面に自分の顔を映し、先のトレーニングを行ってみるのです。また、スマートフォンでカメラを自撮りモードにして、自分の表情チェックとトレーニングをすることが可能です。もちろん、お風呂上がりなどのリラックスしたときに、行ってもよい

思い通りに表情をコントロールするトレーニング方法

表情の練習は
風呂上がりなどの
リラックスした時に
してみよう！
鏡の前で鼻から下を
紙やノートで隠して

ですね。このように、一日に、できるときに意識して行っていると、みるみるうちに表情を自分でコントロールできるようになります。このトレーニングは、私自身も行い、改善できました。ぜひ、今日からでも始めてください。

もし、思ったように自分の「目」を動かすことができないときには、気持ちを連動させるようにしましょう。笑った顔をしたいときには、楽しいことを思い浮かべ、悲しい顔をしたいときには、悲しい出来事を思い浮かべてみると、きちんと目と顔全体の表情もそれに連動してくれます。

次に声です。声は自分で聞こえるもの

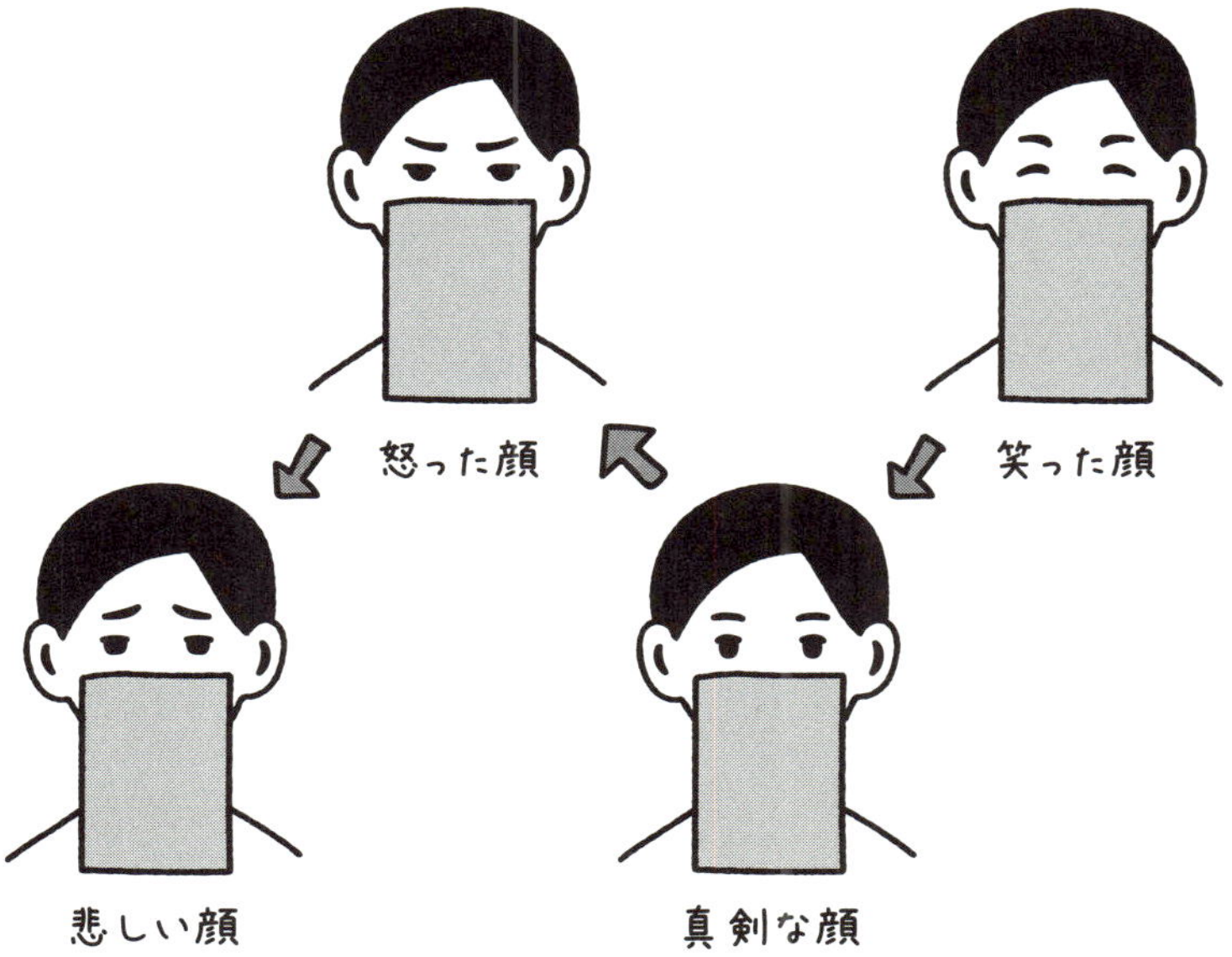

ですが、人前で話をしているときには、自分の声がどんなトーンで、どれくらいの大きさで話をしているのか、そこまで把握することはなかなかできません。特にあがり症であれば、そんな余裕もありませんよね。そこで、まずは、自分の声の特徴を自身で把握、理解することです。

今回は、ボイスレコーダーやスマートフォンの録音機能を活かして、自分が話をしているときに、録音をしてみましょう。それを聞いて、自分がどう感じるのかを書き出します。すると、「声が小さい」「聞き取りにくい」「声のトーンが高すぎる・低すぎる」などなど、感じることが出てきます。それに対し、改善すべき点を自分で考え、改善していきます。

しかし、自己評価と他人の評価には、ズレが生じている場合もあります。そこで、信頼できる職場の同期や先輩後輩、あるいは家族や友人などに協力してもらい、自分の声がどのように聞こえているのかを確認することは大切なことです。忌憚ない感想、意見を言ってもらいましょう。それが、あなたにとって、大いにプラスとなります。

声で大事なことは、トーンと大きさです。

声のトーンは、たとえば電話応対の第一声は、一般的にド・レ・ミ……の「ソ」の音で出すと明るく感じよい印象になると言われています。しかし、スピーチなどで目の前の聴衆に対するときには、この音は高すぎると感じさせ、不快に思わせてしまうこともあります。声のトーンも、その状況や内容などに応じて、変える必要があるものです。私が師事しているマナーコンサルタントの西出ひろ子先生は、企業の研修や講演、テレビやラジオ番組などで話をするときには、声を低く出そう、と意識されています。人前で話をするときには、ド・レ・ミの「ソ」の音を避け、少し低めの、「ミ」あるいは「ファ」の音くらいが、相手に高低で不快を与えない範囲としています。

「音感がないのでド・レ・ミと言われてもよくわからない」という人もいると思います。正確にわからなくてもいいのです。これは歌のレッスンではありませんし、人それぞれのもともとの声質なども異なります。まずはあなたの思うように「ド・レ・ミ・ファ・ソ」と声に出してみましょう。そうすれば、「ミ」のときが、もっとも安定した安心感を与える音だと感じるはずです。一方、正しい音程が知りたいと思う人は、ピアノやオルガンなどが身近にあれば活用し、もしなければインターネットで「ミの音」などと検索してみるのもよいでしょう。それで「ミ」の音を確認できます。


声の大きさについて気をつけなければいけないのは、「声が小さくて聞こえない」ということです。いくら笑顔で流暢に話しても、聞こえなければ意味がありません。

こうした声の大きさが足りない要因の多くは、自信のなさからくる場合がほとんどです。自分に自信がなければないほど、声が小さく、ボソボソとなり、また早口にもなります。

つまり適切な大きさの声を出すには、自信を持って話すことが有効だといえます。

とはいえ、「自信があります！」などと胸を張って言える人はなかなかいません。私も自信のないことだらけでした。しかし、今は違います。自信は、自分を信じることがスタートなのです。「このプレゼンの内容は、必ずお客様にプラスとなる！」「オレのつくる料理は、どのレストランよりも美味しい。だから、うちのお店に来てください！」などなど。あなたは、自分がやっていること、言っていることを信じていますか。信じているからこそそれを言葉にし、行動することができます。そういう気持ちがあるから、人に伝えるときに、あがっていたとしても、しっかりと相手に聞こえる大きさの声で、聞き取りやすいように、早口にはならず、聴衆にしっかりと伝えたいことが伝わっていくのです。

自分に自信を持つには、どんなことでもいいので、「これだけは絶対に誰にも負けない」というものを決め、胸の中にしまっておくことです。本当にどんなことでも構いません。「必ず毎朝仕事で使う靴を磨いている」「会社の誰よりもきちんとあいさつができる」、もしくは「食べ物の好き嫌いがない」も素晴らしいですね。実際にそうである必要はなく、完璧にできていなくても、そういった気持ちを持って、日々の生活で実践していくことが大事です。

どんなに些細なことでも「これだけは誰にも負けない」を心の中に持って生活していると、どこかのタイミングで誰かから褒められるかもしれません。たとえば、「○○さんって、いつも靴がピカピカですよね」と、会社の同僚から褒められたり。褒められるということは、人から評価をいただくことです。人から評価をされたら嬉しくなりませんか。嬉しいと思った時点で、あなたはもう自信を持っているのです。

本当にそうなの？　こんなこと関係ないんじゃない？

そう思われる方もいるかもしれませんが、このようにして自信を積み上げていくことが、結果的に適切な声の大きさにつながっていきます。

原則② 身だしなみ――最初にハードルをグッと下げることができる

みなさんには、「この人の話だったら聞いてみたいな」と思える人、実際に話をしたことはないけれど「何となく信頼できそう」、根拠はないけど「きちんと相談に乗ってくれそう」などと感じる人がいませんか?

そのように感じる人は、ほとんど例外なく身だしなみが整っています。身だしなみを整えていると、相手はあなたを「安心できる人」と思います。『人は見た目が9割』という本もあるとおり、話し方も「見た目が9割」なのです。それはどうしてでしょうか。緊張するプレゼンテーションや、飲み会でのあいさつなど、私たちが人前で話をする機会はたくさんあるわけですが、そのような緊張する場であっても、身だしなみを整える余裕がある人と思われるからです。要するに、あがるとかそういうことは、聞く人の立場からすれば、関係のないこと。そして面白いことに、身だしなみが整っている人は、なぜか話し上手な人が多いのです。

ここで余裕を持つ、ということを少し説明しましょう。たとえば、いつも納期ギリギリに納品してくる人と、納期の2、3日前に納品している人。前者に対しては、「今日は納品日だけど、ちゃんと納品してくるのかな」と不安になります。一方、後者はその逆ですね。このように、余裕を持たせる、ということは、相手に安心感を与えます。先述のとおり、身だしなみが整っている人を見ると、人はその人に安心感を抱きます。安心は信頼へと変わります。信頼している人の話なら、聴く耳を持とうという気持ちになります。

相手が聞き耳を立ててくれていれば、ところどころ言葉がつっかえても、なぜかマイナスの印象にはなりません。かえって「緊張しているのかな？」と微笑ましく感じ、応援する気持ちになります。そして相手は自分が話したい内容を理解してくれます。しかしながら、相手が「この人はなんとなく信頼できない」と感じてしまえば、完璧な話し方と内容で伝えても、やはりどこか疑いの念が残り、本当はものすごくいい内容を話しているのに、相手の心の中まで入っていかないのです。

少し前置きが長くなってしまいました。要は、相手に理解してもらうためのポイントには第一印象が大きく影響しているということなのです。第一印象といっても、決してテレビの俳優や雑誌のモデルのように容姿端麗であれ、と言っているのではありません。

身だしなみがきちんとしていること。それだけでいいのです。そう、第一印象を決定づけるのは、身だしなみの要素がとても大きいのです。

身だしなみと聞いて、女性なら常に化粧をバッチリ決めるとか、男性ならピシッとしたスーツをお洒落に着こなすとか、そういうことを思い浮かべた方もいるかもしれません。決して間違った考え方ではありませんが、正しいとも言いがたいでしょう。

身だしなみで重要なのは、ＴＰＰＯです。ＴＰＰＯとは、TIME（時間）PLACE（場所）、PERSON（人）、POSITION（立ち位置）、OCCASION（場合）で、これらに合わせて調整する必要があるということです。

たとえば、入社初日に化粧をバッチリ決めて、しっかりと香水もつけて行ったら……。一番のお気に入りの派手なネクタイと奇抜な柄のワイシャツを着て行ったら……。その身だしなみで、「よろしくお願いします！」とあいさつをされても、上司や同僚はどう思うでしょうか。また、取引先の商談で、相手はどう感じるでしょうか。いずれも、あまり気持ちよくは感じないでしょう。そうなると相手もそれが表情や態度に出ます。それを見て、いい印象を持ってもらえていないとあなたが感じてしまうことで、ますます緊張し、あがってしまうのです。

このような悪循環に陥らないためにも、時間、場所、人、立ち位置、場合に応じて、最適な身だしなみを意識しておく必要があります。ここでは、その基本を場面ごとに紹介していきましょう。

入社したとき

入社したときにもっとも気をつけるべきは「清潔感」です。入社したての頃は、自己紹介のあいさつをする機会が多くなります。衣服にシワや汚れがないように気を配りましょう。選ぶべきシャツの色は白です。白は「まだ自分はどんな色にも染まっていません」ということを表しており、入社時にはもっとも好印象を与える色です。

自己紹介のときのあいさつは、今後のあなたの印象を決定づける大切な舞台です。いつも以上に入念に顔を洗い、寝癖を直したりしますが、一方で、気合が入りすぎて化粧をしすぎたり、香水や整髪料をつけすぎたりするのはよくありません。

また、新人研修などにおいて、人前で話をする場合も、常にあなたは上司や先輩たちから評価をされています。評価点の5点満点のうち、自分が何点をつけられているのか、その要素の中で、身だしなみもチェックされていることをお忘れなく。

新人のときは、いち早く、顔と名前を覚えてもらうことが大切です。そのために、自己紹介があるわけです。「清潔感のあるワイシャツをきていた●●さん」「きちんと、髪の毛をまとめていた●●さん」など、よい身だしなみは、いい印象を残します。

名前と顔を覚えてもらうために、あえて「ピンクのワイシャツを着る」というように、奇をてらう人もいるかもしれませんが、私は賛成しません。新人のときは、何よりも基本となる謙虚さが大切です。顔と名前を覚えてもらいたいのならば、まずは、清潔感で勝負しましょう。

●商談や営業活動のとき

商談や営業活動は、戦いの場ではありません。大切なのは、いかに相手に受け入れてもらうかです。

相手の心の扉を開かせることができれば、どんな商品でも受け入れてもらえる一方で、相手の心が閉ざされたままでは、どんなに素晴らしい商品でも、どんなに値引きをしても、選んでもらうことはできないからです。

基本的には控えめな装いがいいでしょう。私がオススメしているのは、装いの中に何か一つ、薄いグリーンを取り入れることです。まったく存在感がないわけでもなく、かといって自己主張しすぎることもないこと。そのバランス感覚が問われる場で、この色は有効です。

新人の場合、年長の上司と同行する場合も多いと思います。そうした場合には、決して上司よりも派手な装いはしないことが重要です。上司よりも目立ってしまうことを避けるために、ネクタイや髪留めといった小物は、紺やグレーなどの地味なものを予備として持っておくのも一つの手です。目立たないことで、相手の視線があなたにいきませんから、見られているという緊張感も軽減されます。

プレゼンテーション

話を聞いてもらったうえで納得させ、同業他社よりも印象に残らなくてはならないのが、プレゼンテーションの場です。基本的に自分＝商品だと考えてください。

ですから、「ステキ」と思ってもらうためにあなた自身が輝く必要があります。

勝負の色としてよく選ばれるのが「赤」です。もちろん情熱を表す赤は、プレゼンという勝負の場では、もってこいの色です。しかし、残念ながら赤にあふれた中での赤は目立ちません。

もしライバルがあなたと同じ日にプレゼンをしないのならば、赤でいいでしょう。しか

し、同日に同業他社もプレゼンをするのならば、赤以外（えんじ色など）を選ぶほうが抜きん出ることができる可能性が高まります。そういう意味においては、違う色のネクタイを2〜3本、準備しておくのも一法です。

さりげないところに赤を使うのも手で、たとえば資料を入れるファイルを赤にするなども悪くありません。

サービスや商品を象徴する色を用いるのもとてもいいアイデアです。その商品と同色のネクタイをして行ったり、さらには、自ら商品のパッケージとそっくりの柄のネクタイを特注し、身につけていく。このようなちょっとしたアイデアで、商品価値とあなた自身の価値も高まります。それだけこの商品に対する思い入れがあり、同時に自信を持ってお薦めする「心意気」や「情熱」が装いから見て取れます。

●社内会議

社内の会議などで、人前で発言をすることもあるでしょう。どういった類の会議なのかにもよりますが、多くの場合、若手社員であれば、会議に参加し発言をすること以前に、下準備をすることもあります。急いでコピーを取りに行くことや、足りないイスや机を運ぶこともあるかもしれません。ですから社内会議では、ピシッとしすぎていることよりも、ある程度のシワがよっていても、それは致し方ないこととして、問題視されることはないでしょう。カジュアルデーなどでも、機能性を重視した動きやすい服装であることのほうが、優先されます。

上司や先輩よりも目立つ服装などは御法度だと心得ておきましょう。

●面接

新卒採用でも中途採用でも例外なく、就職活動の面接では、入社時と同じようにシャツは「白」が基本です。いわゆるリクルートスーツを着ることで、自分自身に安心感を得られます。服装で目立つ必要はありません。もちろん業種や職種などによっては、個性を重視し、奇抜な服装を評価してくれる面接官もいるかもしれませんが、その度合いや、面接官の好みなどによっては、負のイメージを与える可能性が高いのも事実です。そうしたリスクをあえて取る必要はありません。服装ではなく、あなたという人間性で目立てばいいいだけです。

髪型、化粧もほどよい加減にとどめます。

一方、靴はピカピカにしておく必要があります。靴をきれいに磨いておくことはもちろん、靴の中や靴底にも気をくばり、きれいにしておくことも大切です。会社によっては面接会場で、靴を脱いで部屋に上がることもあ

るかもしれません。また、あなたが退室したあとに、床が汚れてしまっては、あなたの印象は台無しです。え？こんなところまで気をつけなければいけないの？　と思われたかもしれません。いいえ、これは決してこうしなければいけないということではありません。ただ、そこまでの意識を持って行動すれば、あがっている時間などありませんし、さらに、ここまでやったのだから大丈夫、という自信にもつながり、結果的にあがることなく、落ち着いて面接に臨めるようになるのです。

●お祝い事（結婚式や記念行事など）

社会人になると、同僚の結婚式や会社の創立記念日などのお祝い事に招かれることも少なくありません。そうしたフォーマルな場では、フォーマルな装いを外さない範囲で存分にお洒落を楽しんでいいでしょう。

男性ならばネクタイは白、あるいは薄いブルーや薄いピンクもいいですね。同じ色のチーフを胸に挿して、華やかさをプラスしましょう。

女性の場合、男性に比べて一層お祝いの気持ちを華やかな装いで伝えることができます。

ただし、結婚式では新婦のための色である白は避けます。主役はあくまでも、新郎新婦であることを忘れないようにしてください。それは、スピーチを頼まれたときも同様です。お祝いのスピーチは、主役である新郎新婦や、そのご家族、ご親戚のみなさんのために行うものです。「うまく話せるかな」とか「ウケを狙わなければ」など、自分のことに意識を置くとあがってしまいますから、要注意です。

また、昼間は肌を露出しない、夜はほどよく露出するというのが結婚式に限らず、お祝いの席でのファッションのマナーです。もう一つ気をつけてほしいのは、イヤリングとネックレスはそろいのものを身につけるのが正式です。

もちろん、これまで紹介したTPPOに合わせた身だしなみは、きちんと歯を磨く、洗濯された、シワのない衣服を身につける、寝癖を整える、匂いの強い食事は避けるなどの基本のうえに成り立っていることも忘れないようにしてください。

③姿勢・ジェスチャー――動き一つでだらしなく見えてしまう可能性がある

「話し方の基本5原則」の3つ目は、姿勢・ジェスチャーです。

簡単に言えば、身体的な動きが話す人や内容の印象を大きく左右するということ。「弊社の商品を使っていただければ、とてもリラックスできます」と根拠となるデータをうまく活用しながら、理路整然とした営業トークを繰り出した人がいたとします。でも、もしその人自身が話しながら貧乏ゆすりをしていたり、話の合間合間で爪を噛んだりしていれば、どうでしょうか。やはり信頼できませんよね。

こうした姿勢・ジェスチャーが侮れないのは、無意識のうちに行っていることが多いためです。無意識のうちに手がブラブラと動いてしまう、無意識のうちに猫背になってくる、無意識のうちにスマホを見てしまう……いずれも直すべきですが、気づいていない人も多いのです。社会人になったら、このようなクセを直そうと意識して直しましょう。

まずは自分がどのような姿勢を取りがちなのか、どんな無駄な動きをしているのかについて自覚すること。まわりの人に忌憚ない意見を聞くのが手っ取り早い方法ですが、オススメなのは自分が人前で話している姿を動画で撮り、それを見てみることです。「え？　自分はこんなふうに見えていたの？」と多くの気づきが得られるはずです。

ここでどのような姿勢が好ましいのか、そしてジェスチャーで失敗しない方法を紹介したいと思います。

●立っているとき

立っているときの基本姿勢は、猫背にならず足先から頭の上まで、体内の中心に一本のまっすぐな軸が通っているイメージです。感覚をつかむのが少し難しいので、壁を使って練習してみるといいでしょう。

正しい姿勢をつくるには、まず後ろ向きで壁によりかかり、足（かかと）・尻（臀部）・肩・後頭部を壁につけます。頭を壁につけようとすると、必要以上に顔が上向きになってしまうので、少しだけ顎を引きます。指は綺麗にそろえて太腿の横につけます。

そしてそのポジションを保ちながら、片足を一歩前に出してください。そして逆足もゆっくりと一歩前に出して、両足のかかとをそろえます。このとき男性の場合は、つま先を握りこぶし1・5個分開きます。女性の場合は、かかととつま先をそろえましょう。

実際に話を始めたら、その内容に応じて、動きをつけていきます。

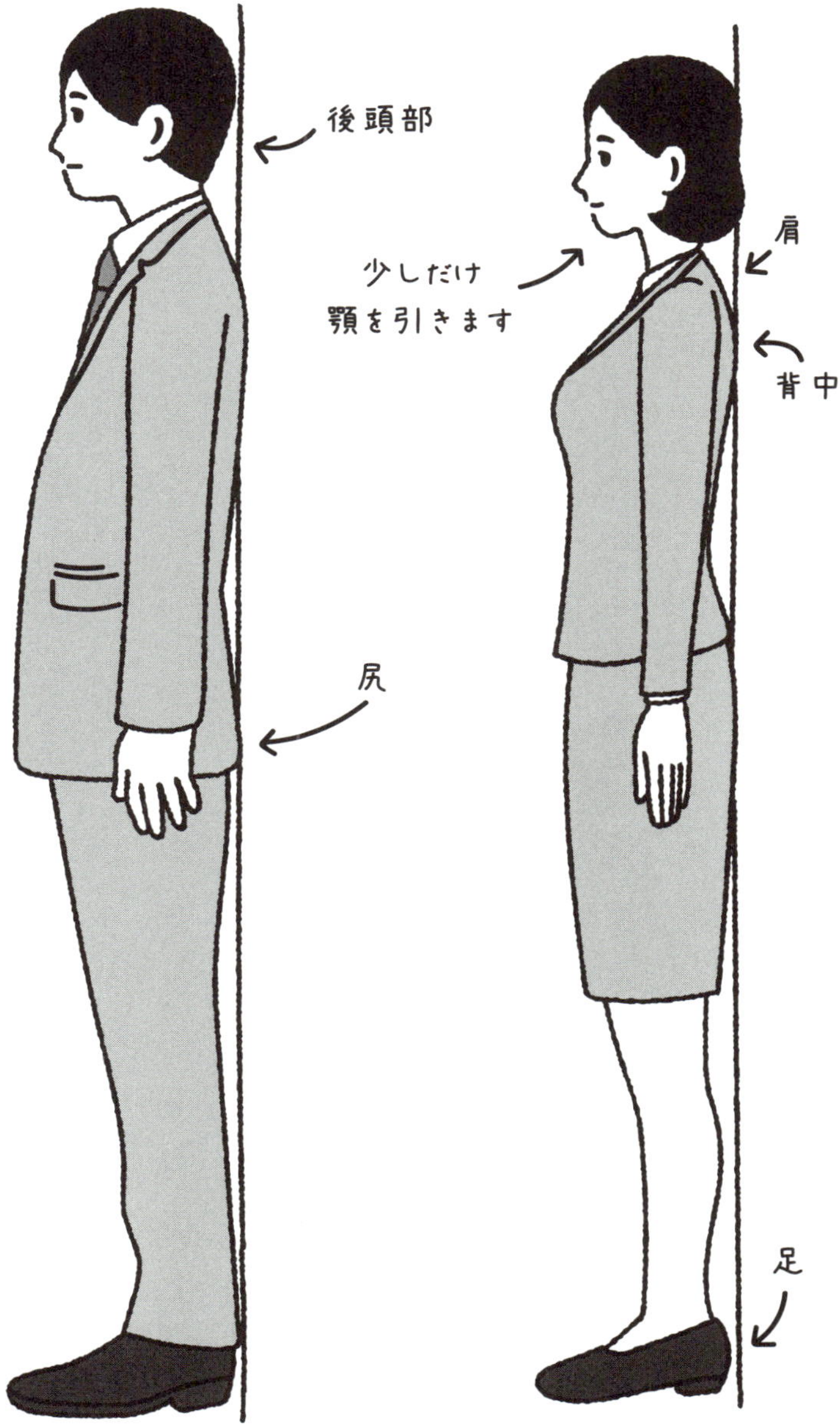
後頭部
尻
肩
少しだけ
顎を引きます
背中
足

●座っているとき

座っているときの基本姿勢も、立っているときと同様に、腰から頭の上までをまっすぐにします。机がある場合は、お腹と机との間に握りこぶし1個分のスペースを空けます。イスの座面いっぱいに座るのではなく、前の半分だけに座ります。このとき、常に腰に意識を集中させます。そうすることで、筋の通った美しい姿勢になります。もちろん背もたれに触れてはいけません。

手の基本の位置は、男性の場合、軽くこぶしをつくってももの上に置き、女性の場合、もものあたりで、両手を重ね合わせて置きます。話をしているときは、手首から先、また、ひじと手首の中間あたりをテーブルの上にのせることで、相手に対し落ち着いて話をしている雰囲気を表すことができます。基本姿勢を保っていると、カチカチに緊張している印象を与えてしまいかねません。ひじをつきながら

話をするのは、横柄な印象を与えてしまう可能性があるので、若手のうちは、前述の位置にとどめるのが得策です。

立っているときでも、座っているときでも、このようにきちんとした姿勢を取ることができれば、相手から余裕のある人、自信があるように見えます。それは、話を聞く人からしてみれば安心感につながり、原則②の身だしなみと同様の効果を得ることができます。

●ジェスチャー

人前で話をしていると、どうしても緊張などから手が震えてしまう人、あるいは身体が左右に動いてしまう人がいます。そうした人たちに効果的な方法が2つあります。

一つは隠すという方法。手が震えてしまうのならば、机やファイルなどで、相手から見えないようにしてしまえば、問題ありません。見えないようにすることで安心感が生まれ、その結果、震えがなくなるケースも少なくありません。

しかしながら、体全体を隠すわけにはいきませんよね。そうした場合に有効なのが、2つ目の方法である「動かしてしまう」というもの。無駄に動かしているのではなく、意図して動かしているのだというように見せればいいのです。

たとえば手が震えてしまう人は、原稿や書類を持ちながら、また、素手でもいいので、手を意図的に動かすのです。大きく手が動いていれば、震えからくる小刻みな動きは目に留まりません。話している最中に身体が動いてしまう人は、歩きながら話してみるのも手です。一ヶ所にとどまることなく、動きをつけながらプレゼンをするアップル社の故スティーブ・ジョブズのスピーチを思い出してみるとわかりやすいかもしれません。私自身も、以前は、上半身がゆらゆらと無意識に動いて話をしていました。あるとき、テレビに映ったその姿を見て愕然としたものです。以来、上半身が左右に揺れないように話をしようと意識して、改善しました。本当に意識することで、改善することができます。

④あいさつ——先手必勝。気持ちよいあいさつで相手の心をわしづかみにする

最近、人前で話を始めるときに、あいさつをしないでいきなり切り出す人が大変多くな

りました。話をするということは、相手とコミュニケーションを取ることです。おそらく、緊張してあいさつをすることを忘れてしまっているのだと思いますが、それでは、話を聴く気になれません。まずは、あいさつからスタートするのが礼儀です。きちんとしたあいさつができると、聴くく人との心理的な距離を一気に縮めることができるからです。

あいさつを漢字で書くと挨拶。挨には「心を開く」という意味があり、拶には「相手に近づく」という意味があるといわれています。先手必勝、あなたのほうがまず心を開いて相手に近づくことで、聞く人の心を開かせるのです。

もしいい加減なあいさつや状況に合っていないあいさつで話をスタートしてしまうと、逆に聞く人の聞く気持ちを萎えさせてしまう可能性もあります。

あいさつで大切なのは3つの「こ」です。3つの「こ」とは、「こころ（心）」「ことば（言葉）」「こうどう（行動）」のこと。

口先ではない心のこもったあいさつを、スピーチの冒頭で行うことができれば、身だしなみに続いて、そのスピーチは、ほぼ9割以上成功したことになります。なぜならば、どんなにあがっていても、心あるあいさつで「つかみはオーケー」な状態をつくれたからです。

反対に、心のない儀礼的なあいさつは、自然と、態度や言葉の端々に相手に不信感や反感を抱かせるニュアンスが入ってしまいます。そうなると、あがっている話し手を見ても、聞く人は手を差し伸べてはくれません。話をするということは、相手とコミュニケーションを取ることですから、双方の気持ちを重ね合わせる作業も大切なことなのです。

また、きちんとした言葉の選び方も大切です。日本語には、状況に応じたさまざまなあいさつがありますので、後述するものも、しっかりと覚えましょう。

お辞儀や視線などの行動もあいさつの一部です。これからスピーチを聴こうというときに、話している人がよそ見しながら「よろしくお願いします」と言った場合と、感じのいい目の表情をして、目と目を合わせて「よろしくお願いします」と言われたときとでは、聴く人の気持ちはまったく異なるものになります。

①好感を持たれる「こころ」のこもったあいさつ
②状況に応じて使われるさまざまなあいさつ

さらにあいさつで重要なのが、お辞儀です。このお辞儀についてもおざなりにしている人が多いので、正しいお辞儀をご紹介します。

好感を持たれる基本のお辞儀（男性）

①きちんと足をそろえて、背筋を伸ばす（基本の立ち姿）。

②靴のかかとの部分をそろえて、つま先は握りこぶし1・5個分開く。

③両手の人差し指をズボンの横の縫い目に添える。中指ではなく人差し指を縫い目に添えることで、指1本分、胸襟が開いて堂々とした印象を与えることができる。

④相手の目を見て「ありがとうございます」など、伝えたい気持ちを言葉にし

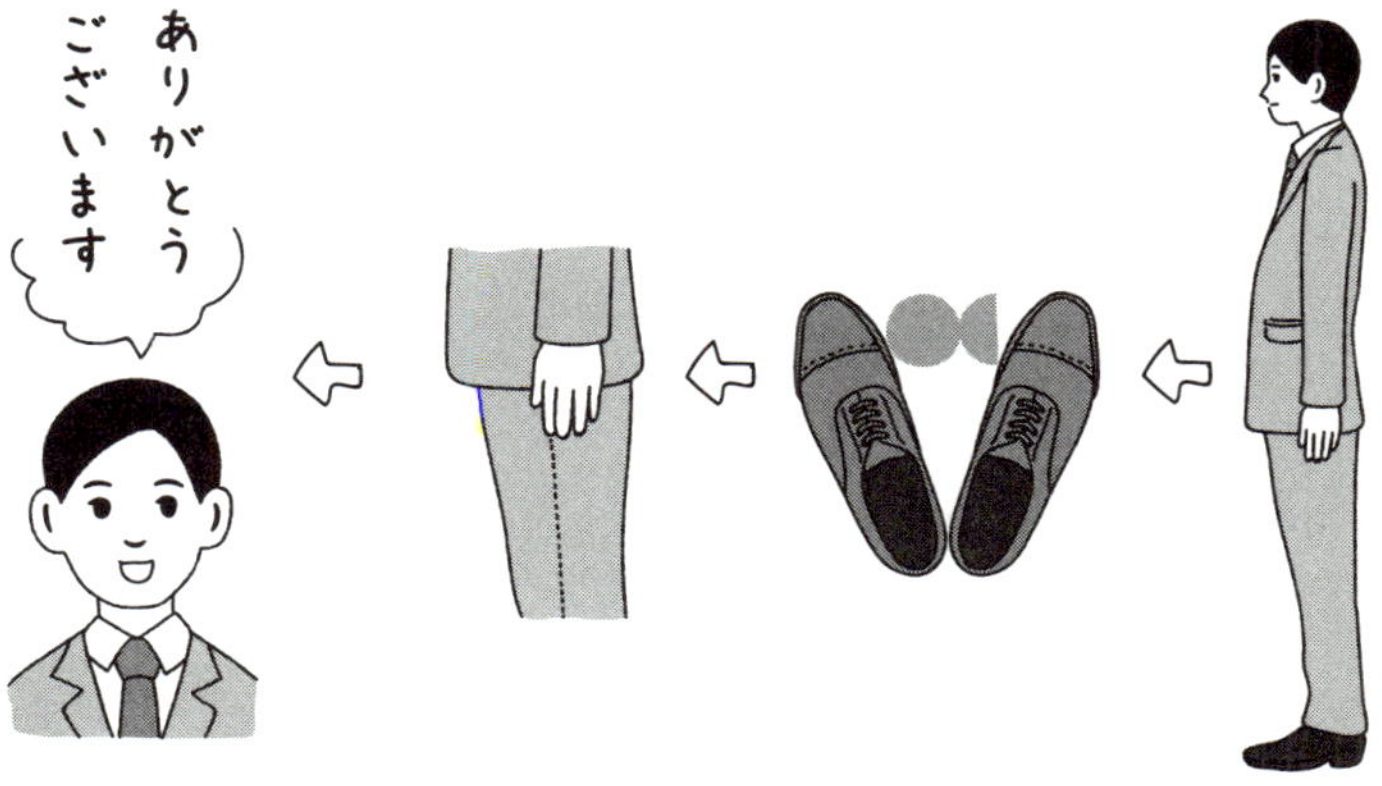

て伝える。

⑤背筋は伸ばしたまま、腰から上を前に倒す。

⑥上体を前に倒すのに合わせて、自然と手の位置を太ももの横から前へすべらせるように移動させる。指はきれいにそろえる。

⑦お辞儀をしたら、一旦静止する（2秒静止して、3秒目から上体を戻し始める）。

⑧ゆっくり上体を元の位置に戻し、再び相手の目を見る。

好感を持たれる基本のお辞儀（女性）

①きちんと足をそろえて、背筋を伸ばす（基本の立ち姿）。

②靴のかかとと、つま先をそろえる。

③両手の中指をスカート（パンツ）の横の縫い目に添える。

④相手の目を見て「ありがとうございます」など、伝えたい気持ちを言葉にして伝える。

⑤背筋は伸ばしたまま、腰から上を前に倒す。

⑥上体を前に倒した位置で、両手を前で軽く重ね、指はきれいにそろえる。

⑦お辞儀をしたら、一旦静止する（2秒静止して、3秒目から上体を戻し始める）。

⑧ゆっくり上体を元の位置に戻し、再び相手の目を見る。

実は、このお辞儀には5つの種類があります。これらを使い分けることで、もっとあなたのあいさつは魅力的なものになります。

5種類のお辞儀

目礼

- 上体を傾けず、言葉を発することもなく、目だけで行うお辞儀。
- 聴く人の目を見て、「いかがでしょうか」などの気持ちを伝えるときに有効。

一般のビジネスシーンでは……

- 乗っているエレベーターで、知人に会ったときなどに。

会釈

- 上体を15度、前方に傾けるお辞儀。
- ステージに上がる前などに行うと有効。

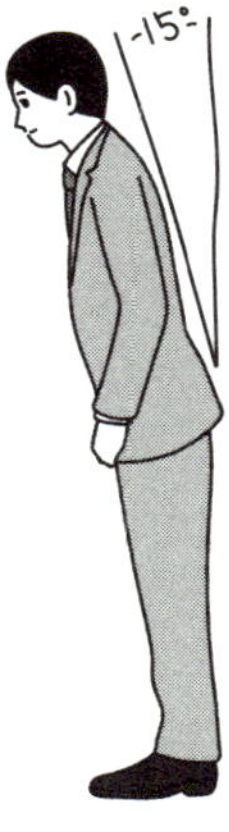

一般のビジネスシーンでは……

● 室内に出入りする際などの軽いあいさつ。

● 添える言葉は「失礼いたします」など。

普通礼（敬礼）

● 上体を30度、前方に傾けるお辞儀。

● 話し始める前に、聴く人に対して行うと有効。

一般のビジネスシーンでは……

● もっともよく交わされる、一般的なお辞儀。

● 添える言葉は「いらっしゃいませ」など。

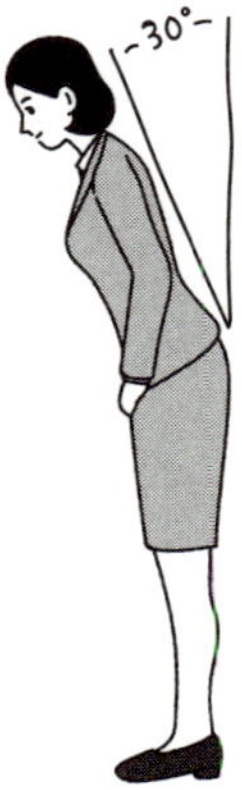

丁寧礼（最敬礼）

- 上体を45～60度傾ける、丁寧なお辞儀。
- 最初のあいさつの言葉を発したあとに、行うと有効。

たとえば、「みなさん、おはようございます」のあとに、最敬礼をする。最初のあいさつで、最敬礼のような深いお辞儀をすることで、丁寧な好印象を持ってもらいやすい。

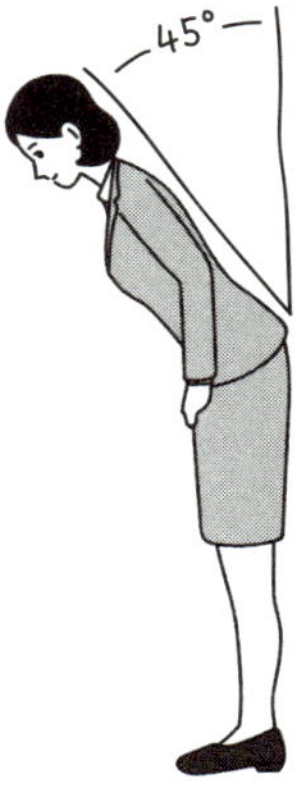

一般のビジネスシーンでは……

- お礼、お詫びなどのあらたまったあいさつ。
- 添える言葉は「ありがとうございます」「申し訳ございません」など。

拝礼

- 上体を90度、深々と曲げるお辞儀。
- 話し終わったときの、御礼の言葉のあとに行う。

たとえば、「ご清聴ありがとうございました」のあとに、拝礼をする。

一般のビジネスシーンでは……

- 深い御礼や謝罪の意を伝えるときなど。
- 添える言葉は「大変申し訳ございませんでした」など。

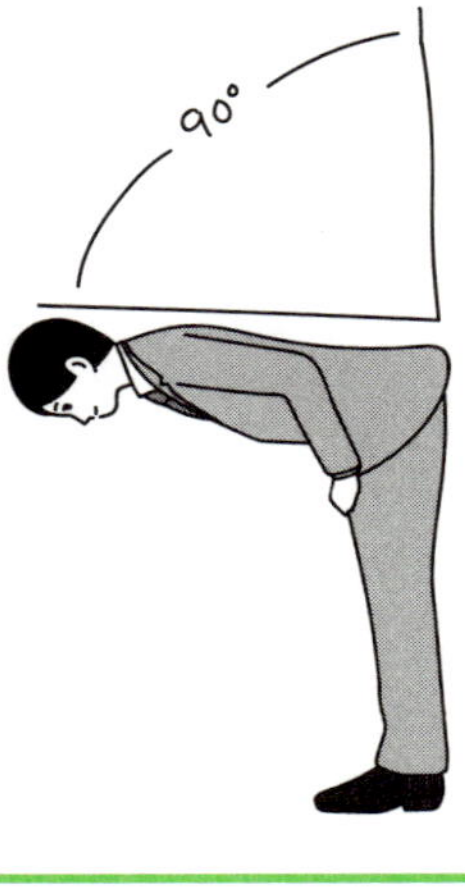

これらのあいさつの方法に加えて、あなたのスピーチを劇的に素晴らしい印象のものに変える方法を2つ紹介しましょう。すごく簡単なことです。

一つは「相手の名前を付け加える」というものです。

「おはようございます」ではなく、「金森さん、おはようございます」「ありがとうございました」ではなく、「金森課長、ありがとうございました」。

心理学的にいっても、名前を呼ばれるというのは、社会的報酬が与えられたことと同じ意味があるといわれています。

もし大勢の前で話をするならば、その大勢を特定する固有名詞を用います。「〇〇部〇〇課のみなさん、おはようございます」や「本日は貴重なお時間をくださった株式会社〇〇の〇〇支店のみなさま、こんにちは」といった具合です。

もう一つは「ありがとう」という感謝を伝える言葉が会話の中に登場すれば登場するほど、相手との心の距離を近づけることができます。ですから、会話の中で「ありがとう」を言うチャンスをつくるのです。

たとえばプレゼンならば、「みなさん、○○は使われたことがありますか？　使ったことがあるという方は、手を挙げてみてください」と、相手に質問することで、「ありがとうございます」へ自然とつなげることができますね。このように感謝のあいさつ言葉の登場回数を増やすことができれば、聴く人はどんどん嬉しい気持ちになっていきます。また、あがっている最中に、これらのあいさつ言葉を発することで、実はしばしのリラックスタイムを設けることになっているのです。話の中に、あいさつ言葉を取り入れることは、音符でいえば休止符のようなものです。あいさつ言葉という休止符を取り入れることで、そのスピーチ全体にハーモニー（調和）が生まれ、聞く人の心に響く話ができるわけです。

この2つによって、さらにあなたの話し方は、一気に魅力を増します。ぜひ試してみてください。

⑤言い方・言葉遣い――正しい言葉の選択であなたの印象は〝もっと〟よくなる

当然のことながら、話し方においては言葉遣いも非常に大切ですが、いずれもこれまで紹介した4つの原則が基本としてあってこその話です。これらのどれか一つでも抜けた状態だと、いくら言葉遣いを向上させてもまったく意味がありません。

話し方だから言い方だけ気をつければいいだろう、言葉遣いだけ正しいものを選べばいいだろうと考えている人が多く、今までいろいろと学んできたけれど、どうも成果が出ないといって、私の話し方講座を受講する生徒や、クライアントが後を絶ちません。あがらない自分になりたいのであれば、まずは、これらの「話し方の基本5原則」をしっかりと身につけることです。

言い方も言葉遣いも、基本的には、身だしなみのところですでに紹介したTPPOに合わせるようにします。具体的な内容については、次の章以降で紹介していきます。

第2章

どうして人前で
あがって
うまく話せないのか？

「人前でうまく話せない」って本当？

第1章でお伝えした「話し方の基本5原則」をしっかりと身につけることができたら、あとはもう怖いものはありません。話をするのが苦手だと思っているあなた。それはあなたがそう思い込んでいるだけで、実際には、きちんとお話できていると思います。

みなさん思い返してみてください。気心の知れた友だちとカフェでおしゃべりをするとき、学生の頃の友人とばったり街なかで会って立ち話をするとき、家族と食卓で他愛もない話をしているとき、みなさんはきちんと会話をすることができていますよね。話すのが苦手だと感じてしまうのは、人の前で「いい格好をしたい」「評価されたい」「恥をかきたくない」などの感情があるからにすぎないのです。言い換えれば、ちょっと欲が出てしまっているだけなのです。しかし、その欲は決して悪いことではありません。仕事で評価をされ

人前でうまく話せないってどういうこと?

うまく話せるシチュエーション

- カフェで友だちとおしゃべり
- 学生の頃の友人とばったり会ったとき
- 家族との団らん

うまく話せないシチュエーション

- 就職活動の面接
- 初めて訪問する企業との商談
- 大小さまざまな会議

たい、面接で合格したい、彼女に好かれたい、などと思う気持ちは、大いに賛成しますし、応援もします。

そこで、私はあなたを応援しているからこそ、あえてお伝えします。これからは「自分は話すのが苦手だ」とか「私はあがり症だ」などとは思わないようにしてください。たとえば、面接でうまく話せなくて、行きたい就職先からの内定が得られなかった、小学生の頃、弁論大会で緊張のあまり言葉が出てこなくて何も言えなくなった、中学生のときにクラスの発表会で話をしていたら、言い間違えて大笑いされて恥をかいたなど、思い出したくもない経験が、トラウマとなっている人もいるかもしれません。しかし、それは、それ。過去は過去なのです。いつまでそのトラウマと一緒に生きていきますか？　あなたはもう社会に出て、しっかりと仕事をしていく立場です。誰にでも失敗をした恥ずかしい過去はあります。私にもたくさんあります。でも、それに引きずられていては、何も変わりません。過去の失敗や恥ずかしい思い出は、あなたの心に、トラウマとして残すのではなく、微笑ましい財産として残すのです。そうすれば、あなたはこれから、どんな場所でもあがることなく、人前で話をすることが楽しくなるはずです。

そもそも「あがる」ってどういうこと？

話すことに苦手意識を持っていたあなたは、もうそこから解放されました。とはいえ、やはり、人前で話をするのは、緊張しますね。

特に、「日本人は話すのが苦手」という共通認識を多くの人が持っています。とある「コミュニケーション」についての調査では、話すことに「自信がない」と答えた人が7割を超えていました。しかし私は思うのです。「日本人は話すのが苦手」とは、誰が言っているのでしょうか。

もし、海外の人から見てそう思われているのであれば、それは、第1章でお伝えした、「話し方の基本5原則」の「あいさつ」ができていないことが大きな原因です。あいさつの「挨」という字は、心を開くという意味でした。そうです、日本人は話すのが苦手なのではなく、相手に対して心を開いていない。だから、相手とうまくコミュニケーションが取れない。それがすなわち、自信がないという調査結果にもつながっていると思うのです。「話し方の基本5原則」をしっかりとマスターすれば、緊張したとしても、あがったとしても、話はうまくできるようになります。

なぜあがってしまうのか——それは前にもお伝えしたとおり「失敗したくない」「うまく話したい」「自分をよく見せたい」など、思いが相手ではなく、自分にしか向いていないからです。私は、マナーと話し方の専門家として、まず、マナーは、相手の立場に立つことだということを強くお伝えします。気持ちが自分にしか向いていない状態は、自己中心の状態であり、それはすなわち、マナーが欠落している状態です。マナーが欠落していると、何事もうまくいきません。仕事も話し方も、成功はありえません。しかし、相手中心のマナーがあれば、すべてがうまくいきます。

相手中心の心がある人だからこそ、お客様のニーズを先回りして察知し、それを提供できるから成績を上げることができます。また、お客様や社内の人からも、愛され、受け入れてもらえ、評価される人になれるわけです。それは話し方も同様です。相手中心の気持

あがり（＝緊張）はどこからやってくる？

あがるとき

・付き合いたての恋人とのデート

・初めて訪問する企業との商談

あがらないとき

・付き合って2～3年が経つ恋人とのデート

・すでに取引がある企業の既知の担当者との打ち合わせ

違いはどこに？

必要以上に「自分をよく見せたい」という気持ちがあるかどうか！

解決法？

「ありのままの自分でいいと思えればあがらない」

……でも、そうした感情はあたりまえにあるもの。

どうしたらいい？

ちで、自己紹介、プレゼンテーション、商談、面談、電話応対などに臨めば、あがってい る暇なんてありません。緊張している、あがっている自分に気づく余裕なんてないはずです。言い換えれば、あがっているということは、実は、余裕がある状態ともいえるのです。緊張したり、あがることは、決してマイナスなことではないのです。だから私は、あがってもいいんですよ、とお伝えしています。

たとえば、「今日は彼女にプロポーズをしよう」という日。あなたはとても緊張するでしょう。そして、目の前にいる彼女の前で、あがってしまうかもしれません。しかし、あがり度が200%だったとしても、何を言ったのか覚えていないくらいあがっても、気がついたら、彼女はプロポーズにOKしてくれていた。

どうしてでしょうか。それは、あなたの気持ちが伝わったからです。だから、緊張してもあがっても、結果はついてくるのです。

とはいえ、同じ結果を出すのであれば、自分自身が、納得したうえで結果を出したいですよね。だからあなたは、本書を手に取ってくれたのだと思います。

ここで、今一度、あがるときとあがらないときの場面を分析してみましょう。

たとえば、初めて訪問する企業との商談時では、緊張もし、あがってしまいがちです。一方、二回目以降、回数を重ねるごとに、その緊張やあがり度は、少なくなっていき、最終的には、緊張することも、あがることもなくなっていきます。この違いは、一体、何なのでしょうか。

もうおわかりですね。それは、時間です。

相手とコミュニケーションを取る時間が長くなればなるほど、緊張したり、あがる度合いが軽減されていくことがわかります。つまり、人前で話をすることも、その機会が多くなればなるほど、あなたの抱えている悩みは軽減し、最終的には、あがらないあなたになれるのです。ですから、人前で話す回数、場数を増やすことで、解決することができるのです。

とはいっても、毎日プレゼンテーションや、結婚披露宴でのスピーチがあるわけではありませんね。社内の朝礼でのスピーチも、当番制で、3ヶ月に一度、回ってくる頻度かもしれません。ではどうすればいいのでしょうか。

それは、日々の生活のすべての場面に、人前で話をしている、という気持ちで臨んでいくことです。たとえば、コンビニエンスストアで会計をするときに、あなたは毎回緊張して、手を震わせながらお金を支払っていますか？　店で買いたい商品がどこにあるのかを店員さんに聞くとき、あがってうまく聞けないのでしょうか。きっと、そうではないと思います。少なくとも、初めての商談のときと比べて、あがってはいないはずです。

ここで考えてみてほしいのです。どの状況も、あなたは人前で話をしていることですよね。そうなのです。繰り返しますが、あなたはうまく、あがらずに話をすることができる人なのです。なのに、あがってしまうのは、自分で勝手に「特別」なことと思い込み過ぎているからです。ですから、今日からすぐに、日常生活のすべてにおいて、「特別なこと」という気持ちで話をしてみてください。

それが人前で話をする場数を踏むというトレーニングになります。これを日々、実践していけば、今まであがっていた場面でも、あがらないあなたに変身できます。

あがる人が陥りやすい問題とは？

ここまでお伝えしたことを実践すれば、もうあなたから「あがる」という言葉は出てこなくなると思います。

そこで、あなたがあがり症だった、ということを過去の自分として「なぜ、私はあがっていたのか？」を分析するための参考として、次の6つをお伝えします。これは、私が今まで指導してきた、あがり症だった生徒たちに共通していた項目です。

あがる人に共通している『6つの落とし穴』

問題①「話すこと」と「コミュニケーション」が一致していない

問題②　「話す」ことだけに注目してしまっている
問題③　「完璧さ」を求めてしまっている
問題④　「苦手意識」に足を引っ張られている
問題⑤　「事前準備」をしていない
問題⑥　「テクニック依存症」に陥っている

それでは一つずつ解説していきましょう。

問題①　「話すこと」と「コミュニケーション」が一致していない

話すのが苦手だと感じている人、どうしても自分の言いたいことがうまく伝わらないという人は、その多くが一つの大きな勘違いをしています。

それは、「最適な内容を選び、淀みなくきれいな声で話すことができればＯＫ」と思い込んでいることです。

もちろん最適な内容を選ぶことも、淀みなくきれいな声で話すことも大切なことです。し

かし、もっと大事なことがあります。それは、話すことはコミュニケーションの一つであると自覚することです。

人が話すときには、必ず聞き手がいます。仕事をするうえでは、当然そのときの仕事相手が、会話の中であなたの話を聞くことになります。

それにもかかわらず、話すのが苦手という人の頭の中は、「自分がいかに上手に話すか」ということでいっぱいになり、相手のことまで思い至らないことが多々あります。先にもお伝えしたとおり、簡単にいえば自分しか見えていないのです。

たとえどれだけ話すスキルが上がったとしても、アナウンサーばりに難しい原稿をスラスラと読めるようになったとしても、そこに「相手」を思う気持ちがなければ、きちんと話したことにはなりません。

何度もお伝えしますが、うまく話すために必要なこと。その根底にあるものはマナーです。そして、マナーとは相手の立場になって行動できるかどうかです。

たとえばスラスラと淀みなく話すことで、むしろ聞き手の理解力がついてこない、ということはよくあります。ここで足りないのは、相手が理解しているかを配慮するマナーです。

それがあるからこそ、結果を出せるわけです。繰り返しになりますが、話すことはコミュニケーションの一つです。そのことをきちんと自覚してください。そして、話すときには必ず相手がいて、流暢に話せば万事ＯＫというわけではないということも頭に入れておきましょう。

問題② 「話すこと」だけに注目してしまっている

先ほど、話すことはコミュニケーションの一つであると書きました。そう考えると、うまく話すには、「話す」こと以外にも大切なものがあるのです。

ノンバーバル・コミュニケーションという言葉を聞いたことはありますか。これは、視線や表情、身振り手振りもコミュニケーションに大きな影響力を持っているということです。それに加え、服装や髪型、化粧、香水、口臭、タバコの匂いといったことも、コミュニケーションに少なからぬ関連性を持ちます。まさに、これが「話し方の基本5原則」です。

話すことだけに注目してしまうと、こうしたコミュニケーションに影響を与える他の要素を疎かにしてしまう可能性があります。しかし、それではダメなのです。まずは、人前で話をするときに、その目的を達成して結果を出すために必須である基本をしっかりと身につけたうえで「話す」ことが重要です。

たとえば、次のうち、どちらの方とまた

会って、話をしたいと思いますか？

Ａさんは「非常によくできたプレゼンテーションで、淀みなく話すことができている。しかし、話すときには、無表情で直立不動。あいさつもなく無愛想。加えてスーツはよれよれで、寝癖もある。よく見ると顔を洗っていないようで、近づくと洗濯物の生乾きの臭いがする」。

一方、Ｂさんは、「プレゼンテーションの内容はそこそこ。ところどころで話が止まり、緊張している様子。しかし、気持ちよいあいさつをし、スーツはピシッとしていて、清潔感にあふれ、近づくとさりげなく爽やかな香りが漂ってくる」。

もちろん、人それぞれ評価は異なると思いますが、ここでお伝えしたいのは、「話す」ことだけに注力しないということです。

問題③ 「完璧さ」を求めてしまっている

日本人は往々にして、仕事をすることに対して、完璧さを求めすぎる傾向があります。もちろんほどよく完璧を目指し、努力する姿勢はよいことです。しかし度を超えて完璧さを

求めれば求めるほど、人は緊張し、失敗する可能性も高まるものです。それは話し方においても同じことがいえます。

ただし、練習の段階では、完璧な話し方を求めても構いません。できる限り自分を高めようとする意気込みがなくては、上達できないからです。

しかし、いざ誰かと話をするとき、いわば本番をむかえるときには、完璧さは求めすぎてはいけません。むしろ、一旦忘れてしまってください。

できないものはできない。そのときのありのままの自分でいい。本番に挑むときは、そのように心を決めてください。

完璧さを追い求めて目が血走っている人の話と、ほどよくリラックス状態にあり、にこやかな人の話では、後者のほうが聞いている人を安心させてくれます。どちらが好印象を与えるのかは、あえて言うまでもないでしょう。

練習の段階では完璧さを求める。でも、本番では完璧じゃなくてもいい。少し矛盾するようですが、そのような気持ちで話をすることが大切です。

心理学で使われる言葉に、「フロー」というものがあります。これは高い集中力によって余計な雑念が消え、高いパフォーマンスを発揮できる状態にあることを指します。もしみなさんが、話すという行動をするときに「フロー」な状態になりたいのならば、心を自然な状態に保つ必要があります。その意味でも、完璧さを追い求めすぎることはやめたほうがいいのです。

そして、どんなに完璧を目指しても、完璧かどうかを評価するのは、相手であることをお忘れなく。だから、なるようにしかならないと楽な気持ちでいるほうが、うまく話せます。

問題④ 「苦手意識」に足を引っ張られている

「自分は話すのが苦手だ」と、必要以上に思い込んでいる人がいます。私の受け持つ話し

方講座の生徒の中にもたくさんいます。

そうした方々に「どうして苦手だと思うのですか？」と聞くと、「〇〇のときにうまく答えられなかったから」と過去の経験を教えてくれることがあります。先に述べた「トラウマ」ですね。

つまり、過去の経験から苦手意識を持ってしまっているのです。私はそうした話を聞くと、なんてもったいないんだろうと感じます。苦手意識のせいで、本来の能力や魅力が影を潜めてしまっているからです。

このように、苦手意識が苦手を呼んでしまうことを避けるためには、容易に達成できる課題を用意しておくといいでしょう。

私の場合、アナウンサー1年目で生放送の番組を担当していたとき、本番前には必ず早口言葉を言って緊張をほぐしていました。早口言葉といっても、決して難しいものではありません。自分の好きなフレーズで、スラスラ言えるものを選んでいました。初めはなんとなく言っていた早口言葉ですが、しだいに「自分には必ずできる」という、自信につながっていることを感じました。いわば、本番前の大切な〝おまじない〟といったものになっていたのです。

こうした「自分には必ずできる」という自信を取り戻したり、思い出したりするための〝できるスイッチ〟を持っておくと、苦手意識を頭から追い払うことができるのです。

もちろん早口言葉である必要はありません。要は、頭の中を成功体験でいっぱいにすることができれば何でもいいのです。

ですから、たとえば「ちょっとした笑い話を友人にしたら笑ってくれた」といった些細なエピソードを思い出せるようにメモを残しておく、といった程度のものでも十分です。それによって、少しでも自信が湧いてきたら、バッチリＯＫなのです。話し方も、プラス思考でいると成功します。

あなた自身をプラス体質にしてください。

問題⑤ 「事前準備」をしていない

人前でスラスラと話せる人を見ると、「あの人は話すのが上手だなあ」と感心するものです。しかし、その人がどれだけ周到な事前準備をしたのかについては、知ることはできません。

限られた一部の人を除けば、いきなり話を振られて、スラスラと答えられる人はいません。あなたにもそうした記憶があるかもしれませんね。就職試験の面接で、「どんなことを聞かれるだろうか」と想像しない人はいないでしょう。多くの人は想定問答を用意し、「自己PRについて聞かれたらアルバイトの話をする」といった具合に事前準備したのではないでしょうか。

事前準備は社会に出てからも変わらず重要です。

たとえば自社商品を売り込むときであれば、「こういう質問がくるかもしれない。そのときにはAという客観的なデータを引用しよう」と事前に調べておくことが必須です。いきなりアドリブでデータAは出てこないからです（その場でスマホを持ち出して調べるわけにはいきません）。

つまり、事前準備がきちんとできているかどうかが、うまく話せるかどうかの大きな分かれ目になるのです。

人前でうまく話せないことを、話す能力だけに原因を求めてしまう人はたくさんいます。しかし実際には、事前準備も大きな影響力を持っているのです。

スピーチの達人として知られているアメリカの前大統領のバラク・オバマですが、実のところ彼にも凄腕のジョン・ファヴローというスピーチライターがスタッフとして雇われていました。そういった優秀なスタッフによる事前準備があったからこそ、素晴らしいスピーチができたといえます。もちろん彼自身、スピーチ能力が高いことは間違いありませんが、それを支える事前準備もあったということです。事前準備もしっかりとできていれば、自信を持って話すことができます。

問題⑥ 「テクニック依存症」に陥っている

話し方のテクニックに関する本がたくさんあります。本書もそうですが、書店に行けば、本当にたくさんのものが出ています。また、インターネット上にも数多くの情報が掲載されています。話し方に関する講座もたくさん開催されています。

話し方のテクニックに関して、これだけの情報量があるにもかかわらず、悩む人がいなくなることはありません。どうしてでしょうか。

それは、〝テクニック依存症〟に陥っている人が少なくないからだと思います。

話し方を上達させるには、たしかにテクニックは必要です。

しかしあくまでテクニックはテクニックにすぎません。それは、「話すのが苦手」を解決する万能薬ではありませんし、テクニックだけで人前であがらなくなるわけでもありません。解決のための一つの糸口にすぎないのです。

そうしたことを自覚していない人は、「あれも試したし、これも試した。でもできない。どうしてなの!」と、頭を抱えることになります。同じところをぐるぐるまわり続ける、テクニック依存症ともいえる状態にハマってしまいかねません。

精神論を持ち出すのは本末転倒かもしれませんが、実際のところテクニックよりも自分の気持ちのほうが大切です。「あがらずに話したい」「きちんと伝わるように話したい」と願い、練習や努力を重ねることで自信をつけていくことでしか、克服はできません。あくまでテクニックは、その助けをするだけです。

普段はあがらずに話せるようになったとしても、ちょっとした想定外であがってしまうこともあります。

たとえば課長クラスへのプレゼンだと思っていたら、突然社長も参加してきたといった想定外は、ビジネスをするうえで日常茶飯事です。そうしたときに必要なのは、上手に話すことだけではありません。話をする真摯な姿勢、伝えたいという意欲が伝わるかどうかが、相手の心を動かすかどうかに関わってきます。

コミュニケーションには相手がいます。その相手には「心」＝「感情」があります。上手に話せたから成功なのではありません。こちらの想いが相手に伝わり、それによって相手の心が動かされ、何らかの行動になる。そのためには、「上手に話す」以外の要素が大きく影響しているのです。

第3章

スムーズに話をするための7つの鉄則

鉄則①

あがらずに話すために事前に準備をしておく

ビジネスにおいて、あがらずスムーズに話せるようになるためには、第1章の「話し方の基本5原則」と、第2章でお伝えした事前の準備が欠かせません。

私がアナウンサーだったときに、渡された台本の内容を理解するまでとことん読み込んでおくと、いつもは、手が震えるほどに緊張する私も、なぜか緊張せずに、その日はみんなから、「今日の司会は最高だったよ」と褒められていました。反対に時間がなくて、台本を深く理解しきれずに臨んだときは、「今日の放送は、イマイチだったね」と言われたものです。このように、テレビやラジオには必ず台本があります。同じように、国会での政治家同士のやりとりでは、あらかじめ質問が提出されています。

つまり、話術に長けたように見えるタレントでも、頭の回転が速そうな政治家でも、どんなに話すのが上手な人でも、基本的に事前の準備は必須なのだといえます。

では、その準備とはどういったものでしょうか。一言で表せば、何を話すのかをあらかじめ考えておくことです。具体的には次のことを押さえておくといいでしょう。

①「これだけは伝えたい」ということを一言で頭に入れておく

人は緊張すると頭の中が真っ白になります。何を話せばいいのかわからず一人で勝手に混乱し、余計なことを口走ってしまったり、的はずれな方向に話を進めてしまったりしてしまいます。

もし緊張して頭の中が真っ白になったとしても、「これだけは伝えたい」という一言を頭に入れておけば、心配は無用です。そこに立ち戻ればいいだけです。話が自分の意図しないほうへずれるのを防ぐことができます。

その一言は、場合によっては、会社や上司が用意したものでもいいのですが、大抵は何を話すのか、自身で考え準備します。そうでないと、あなたの気持ちや思いは伝わらないからです。

現在の私は、アナウンサーとしてではなく、マナーや話し方の専門家として、テレビやラジオに出演していますが、そのときの台本も、事前に打ち合わせと称する取材を受け、そのときに私が伝えたことが台本となってあがってきます。他人の言葉を使うのではなく、自分の言葉で伝えるのです。そこには、気持ちを超えたあなたの魂が宿るからこそ、あがってうまく話せなかったとしても、あなたの魂の一言で、相手に理解してもらえたり、受け入れてもらえるのです。

たとえば、少し抽象的すぎるかもしれませんが、「お客様の笑顔が第一」という会社としての目標があったら、それを「みなさんを笑顔にしたい！」といった具合に自分なりの言葉にしておきます。

そして、もしも緊張して頭が混乱して話がこんがらがってきたら、一呼吸置いてこう言えばいいのです。

「申し訳ありません、緊張して話していることが自分でわからなくなってしまいました。でも伝えたいことは、とにかく『みなさんを笑顔にしたい』ということです」

すると、本当に自分が伝えたいことに立ち戻ることができます。

「これを思い出せば、話を自分の意図した方向に戻せる」という一言は、精神安定剤にもなります。それだけで気持ちが落ち着き、自信を持って話せるようになります。もし、その一言も忘れてしまったらどうしよう！と不安に思う方は、マジックで、手のひらに、その一言を書いておくとよいでしょう。なんだかカンニングをしているように思われるかもしれませんが、こうすることで安心し、結果的にはカンニングせずに、うまく話を終えられることも多くあります。

②相手のことを調べておく

先ほどの「これだけは伝えたい」は自分発信のものです。ビジネスにおいては、こちら

の意向や要求だけで相手の好反応・好感触をつかむことはできません。

まだまだ仕事に慣れていない新入社員によくあるのが、相手の表情が一向に〝？マーク〟のまま変わらないのに、自分ばかりが発信し続けるということです。そしてふとしたタイミングで相手の微妙な反応に気づき、それが原因になって一気にあがってしまうのです。そういった状況に陥ったら、もう何も次の言葉は出てきません。ほぼ１００％、その商談やコンペはうまくいかないと思っていいでしょう。

このような事態を避けるには、事前準備として相手のことをよく調べておくことです。相手の求めていること、欲していること、また、相手の事情を察したうえで話を進めると、相手から話の端々で「うん、うん」と頷いてもらえたり、「それは興味深いですね」などといった好感触がもらえます。そうした反応は、話し手であるあなたの緊張をほぐしてくれます。

もし相手が決まっている場合、その人について調べます。みなさんが新入社員ならば、上司から引き継いだお客さんということも多いでしょうから、上司からその相手の人となりをヒアリングするのはとても有効です。性別や年齢層、趣味、好きな食べ物、嫌いなことなどを聞いておくと、うまく話を軌道に乗せて、緊張せずに最後までスムーズに話ができます。

もし相手がわからなかったり、未定だったりする場合はその会社のことをインターネット（ウェブサイト）や雑誌、新聞などのメディア、あるいは上司などへのヒアリングを通して、調べておきます。こうした事前の準備があるかないかで、話のスムーズさはまったく異なってきます。

最近ではSNSを使って発信する人や企業も少なくありません。ですから、ツイッターやフェイスブック、あるいはビジネス利用の多いリンクトインなどを調べてもいいでしょう。そうしたところに、より個人的で詳しい近況が載っていることも多々あります。

しかし注意も必要です。アカウント名は同姓同名だけど別人ということもありますし、会社とは関係なくあくまで個人として使っている場合もあります。そのあたりをしっかりと踏まえて利用することも忘れないでください。

③オリジナルの想定問答をつくる

ビジネスで話を進める際、必ず相手から質問や疑問が出てきます。そうした相手発信で話が展開すると、一気に緊張の度合いが高まります。その結果、言葉につまってしまうというのは、よくあることです。

そうした事態に陥らないためにも、相手が聞きたいことをあらかじめ予想・想定しておくことが大切です。

つまり、自分なりの想定問答をつくっておくのです。頭の中で考えるだけではなく、できれば書き出しておくといいでしょう。書き出すことで万が一、忘れてしまってもその情報は消えずに、きちんと頭の中を整理しておくことができるからです。

また、より細かく想定問答をつくっておくことで、不安材料をつぶしていくことができます。不安材料が少なくなればなるほど、緊張して固まってしまう可能性は減っていきます。

また、もし相手側の担当者と面識があり、すでにやりとりがあるのならば、会ったときに話すべきテーマをメールや電話などで詰めておくということも一つの手です。

あくまで想定問答は、自分の予想でしかありません。しかし、実際に「どのような目的がありますか?」「来週お会いするときは、こんなテーマで話をしたいと思っているのですが、先立った疑問点やご要望はございますか?」と聞いておくと、〝想定〟ではなく〝確定〟問答を用意することができます。こうなれば肩肘張ることなく当日をむかえることが可能となります。

鉄則❷

「聴く」ことを意識すると、話しやすくなる

相手に「この人とは話していて気持ちがいい」と思ってもらうことができれば、話はスムーズに進みます。そうなれば、「緊張してうまく話ができない」という失敗を避けることができます。

では、どうすれば相手に「この人とは話していて気持ちがいい」と思わせることができるのか。意外に思われる人も多いかもしれませんが、「話す」ことよりも、「聴く」ことを意識すると、「この人とは話していて気持ちがいい」と思ってもらうことができます。

すでにお伝えしたとおり、話すというのは双方向のコミュニケーションです。つまり、しっかりと話を聞き、きちんとリアクションを取ることで、相手に安心感を与えます。すると話が弾み、スムーズなコミュニケーションが可能となるのです。

聞く力のことを傾聴力ともいいます。これは社会人にとってとても大事なスキルです。特に「どうしても自分は人前で話すときにあがってしまう」というような人であれば、話す能力を伸ばすよりも傾聴力を身につけるほうが、手っ取り早く人前であがらずに話せるようになります。

話を聴くときに大事なことは、「①相手の話に対して興味があるというシグナルを送る」「②適切な相槌を打つ」「③もっと話したくなるような質問をして、共感・賞賛の気持ちを伝える」「④トップ3で〝間〟をつくる」です。一つずつ説明していきましょう。

①相手の話に対して興味があるというシグナルを送る

次にお伝えする〝相槌〟もその一つなのですが、「この人とは話していて気持ちがいい」と思わせるポイントは、相手の話に対して興味があるというシグナルをきちんと送ることです。

特に最初に送るシグナルは、少しオーバーなくらいがいいでしょう。軽く腰を浮かして身を乗り出したり、直接的に「その話、興味あります」と言ってみたり、「もっと詳しく知

りたいです」と伝えながらノートやメモ帳を取り出したり……。このようなアクションを取ることで、相手はどんどん気持ちよくなって、スラスラと話を先に進めてくれるようになります。特に、身を乗り出して聞く姿は有効です。ハーバードビジネススクールを卒業後、世界で大成功したある日本人男性に伺ったのですが、彼がアメリカでコミュニケーション術を学んだ際、女性講師から、商談中は身を乗り出して話を聞くことが大事だと教わったそうです。その後、彼は言われたとおりに実践したところ、もともとあがり症で、早口で話す癖があったのですが、気がつけば、億万長者になっていたのです。学んだことを信じて愚直に実践することで、あなたの目指す結果は出せるようになります。

あなたから先に相手を気持ちよく話せる状態にすることで、当然あなた自身も話しやすい雰囲気になっていきます。そうした雰囲気にすることが、結果として緊張を解くことにつながるのです。

何度かすでに会ったことのある相手であれば、日程調整のためにメールでやりとりをすることもあるでしょう。そういったときには、前回会ったときに話題に挙がったことについて、最後にちょっとした一言を添えると、次のコミュニケーションでは、最初からスムーズに話が進みます。

メールでの一言

あなた「先日お目にかかった際に、フランス映画が好きだと伺いました。ちょうど今、●●にて、フランス映画祭を行っています。今月末まで開催しているようです」

そうすれば次回会ったときには、先方から「フランス映画祭に行ってみました。感動しました。情報をありがとう」と感謝の言葉をいただけます。この状態は、相手はあなたに対して心を開いており、あなたは、話をしやすい状況であるため、商談をするには大変有利です。また、心と心を開き合った空間は、場が和んでおり、プラスのエネルギーが充満しています。あなたがあがらずに話せる環境は、あなた自身がつくりだすものです。

②適切な相槌を打つ

「はい」「そうですね」などの相槌は、相手の話に興味がありますよというシグナルの役割になります。しかし、ここで注意しなければならないことは、「相手から丸印をもらえる適切な相槌を打つ」ということです。

それには、次の2つの場合があります。

一つ目は、相手の反応に応じた相槌であるかどうかです。

一口に相槌と言っても、いろいろなものがあります。声を出さずに頷くだけの場合もあれば、「はい」「いいえ」といった一言を添える場合もありますし、「へえ、そうなんですね！」とオーバー気味にアクションを取ることもあります。どういった相槌が最適なのか、

どのくらいの頻度で相手に聞こえるような大きめの相槌を打ったらいいのかといったことを、そのときの相手の反応を見て判断していくのがいいでしょう。

もう一つはTPPOをわきまえたものです。

たとえば、大勢が参加しているプレゼンテーションや講演会などでは、声を出さずに「頷く」のみの相槌となりますし、会食の席などでお話いただいているときには、「それは素晴らしいですね」などの言葉を添えて頷くと、相手の気分は向上します。また、重要な決定がくだされる商談などでは、「はい」と落ち着いた声のトーンや表情の相槌となるでしょう。

相槌と一言で言っても、それぞれに適切な相槌があります。ぜひ、プラスとなる相槌を選択して、あなたが話をしやすい環境をつくりましょう。

③話したくなるような質問で、共感・賞賛の気持ちを伝える

私はもともと、人とコミュニケーションを取るのが苦手で、特に、初対面の人や知らない人が集まるパーティーなどで、自分から積極的に話をすることができませんでした。しかし、社会に出て仕事に就けば、人と話をしないわけにはいきません。そこで私は、なるべく自分が話さなくてもよい状況をつくるにはどうすればいいのかを考えました。それが「質問と共感・賞賛」です。

質問は、「～なのですか？」とこちらが問いかけるだけで、あとは相手が話をしてくれます。そうすれば「気が利いた話をしなければならない」「こんな話題でいいのかな」などのプレッシャーや不安から解放されて、とても気持ちがラクになります。気持ちがラクになれば、反対に何か質問をされても、さほどあがることはありません。

質問をすることとは、自分だけがプラスを得ることではありません。相手の立場に

立って適切な質問をすることで、相手の気分は上向きになり、口数が多くなっていきます。喜んで話をしてくれるのですから、あなたは聞き役に徹し、話をしなくてもよくなります。

また、相手の話に対して、共感や賞賛のフレーズを伝えることで、相手の気分はさらに上り調子になり、饒舌になっていきます。そうなれば、あなたはもっとラクになり、こちらから話をしなくても一緒にいる時間が長くなるので、緊張は消えていくことでしょう。

それでは、実際にどのような質問をすればいいのでしょうか。

もっとも簡単なのは、相手が好きなものについて尋ねる、あるいは相手が話したいこと、聞いてほしいことを質問によって引き出すことです。しかし、初対面の人や、さほど親しい間柄の相手でなければ、何に興味を持っているかなどはわかりません。そこで、オススメするのは、目の前に見えることに関して質問をすることです。

ここで、私が実際に経験したことを例に挙げましょう。

★例1　相手の服装やアクセサリーなどに注目する

あなた「そのポケットチーフは、ネクタイとお揃いの柄なのですか？」**質問**

Aさん「そうなんです。娘が初ボーナスで買ってくれましてね」

あなた「まぁ！それは素敵ですね。**賞賛** 娘さんは、どのようなお仕事をなさっているのですか？」**質問**

Aさん「福祉関係の仕事なんです」

といった具合です。そして、次のような賞賛（共感）の言葉も取り入れます。

あなた「それは、大変素晴らしいお仕事ですね」

Aさん「あの仕事は時間も不規則で大変だから、親としては心配もありますが、本人がどうしても希望しましてね。大変なこともあるようですが、張り切って仕事をしているようで、安心しているところなんですよ」

★例2　その場の環境に注目する

あなた「多くの方が参加していますね」　**互いがその場で認識できる環境**

Bさん「そうですね」

あなた「この勉強会には、よく参加されているのですか？」　**質問**

Bさん「いや、初めてなんですよ」

あなた「よかった。私も初めてなんです」　**共感（同調）**

Bさん「そうですか」

あなた「はい。なぜこちらの勉強会に参加しようと思われたのですか」

Bさん「いろいろとインターネットで調べていたのですが、長く続いているようですから、信頼できるかなと。いいなと思って実際に行ってみると、思っていた雰囲気と違ったりすることがありましてね。でも、今日は正解でしたよ。これだけの人数が参加していますしね」

あなた「たしかに、おっしゃるとおりですね。　**共感**　今日の話はお仕事に役立ちそうですか？」　**質問**

このように、質問をすることで、多くの情報を得ることに成功し、また、共感や賞賛を伝えることにより、相手の気分はますます上がり、どんどん話をしてくれます。そうなれば、あなたは緊張することも、あがることもなく、話をしやすくなります。そして、信頼関係を築き、最終的に、ビジネスであれば収益を生み出し、プライベートであれば、その目的を達成できることでしょう。

④トップ3で〝間〟をつくる

前項で、質問の効果についてお伝えしましたが、相手に気持ちよく「もっと話したい」と思わせるいい質問があります。

それは、「トップ3は何ですか?」というものです。

映画好き、読書好き、食べることが好き……あらゆる場合に、このトップ3を聞いてみるのです。たとえば、「好きな映画のトップ3は何ですか」と質問すると相手は、そこで考えます。考えるといっても、好きなことを考えるわけですから、ワクワクしながら考えてくれます。

ワクワクしながら考えているわけですから、きっと、気持ちはプラスのはずです。少なくとも相手の気持ちは、マイナスにはなっていないでしょう。

このトップ3を尋ねるということも、私が再三お伝えしているマナー力で、双方にとってプラスを生み出すことができます。相手がワクワクしながらトップ3を考えている間、あなたには、その回答を待っている時間が生じます。この時間を「黄金の間」と言います。

よく、「会話で間ができてしまって、沈黙になるのが怖い。どうすればいいですか?」という相談を受けます。もちろん、その状況にもよりますが、あがり症の人にとっての「間」は、救いの手を差し伸べてもらっている状況であることに気づいていない人が多いのです。緊張してあがってしまうと、次に何を話そうとしていたのかを忘れてしまうという状態になります。そういうときにこそ、この「間」があなたを救ってくれるのです。この「間」を利用して、前にもお伝えをしたように、手のひらに書いたキーワードを見たり、資料やノートをめくって、次に話そうとしていた内容を確認できたりするのです。

人は、嫌いなトップ3を聞かれると、意外にもスラスラと言えます。ところが、好きなものに対しては、好きなだけについ、真剣に考えてしまうのです。好きなことであればあるほど、あれもこれもと思い浮かび、考える間が生まれます。

その間を使って次に何を話すか、どうやって核心に迫るかなど、あなたに考える余裕が出てきます。自分に余裕がなくなってきたなと思ったら、ぜひ、この「好きなトップ3は何ですか？」という質問をしてみてください。

鉄則❸

どんな話も「1分で説明できる」ようにまとめる

学生時代、友だち同士で話をするときに、「時間」を意識していましたか？　話をするということは、「相手の貴重な時間を頂戴している」ことだ、なんて思いながら過ごしてきた人には、大拍手を送りたいと思います。私が学生の頃、人前で話すのは緊張してあがるのに、友人と取り留めのないことを、2時間も3時間もおしゃべりして、家族から「いい加減に終わらせなさい！」と叱られていたことを思い出します。

しかし、社会人になったらそうはいきません。ビジネス上の会話では、「相手の貴重な時間を頂戴している」ことを意識して話す必要があります。これもマナーの一つです。どんなにあなたがよいことを伝えていても、話が長くなればなるほど、そして説明が冗長になればなるほど、相手はだんだんと疲れてきて聞く耳を持てなくなります。また、長い話は、結局、何が言いたかったのかまったくわからず、相手は「時間のムダだった」とマイナスな感情を抱いてしまいます。

そこで、ぜひ行っていただきたいのが、「さまざまな話を1分で説明する」という練習法です。テーマは何でも構いません。やり方は次ページに紹介します。10分あればできますので、寝る前などにトライしてみてください。毎日試してみれば1ヶ月後には、自分の言いたいことをスラスラと簡潔に話せるようになった自分に気づくはずです。

このように書くと、みなさんを余計に緊張させてしまうかもしれません。しかし、話を簡潔にわかりやすく伝えることは、人前であがらずに話すために必要不可欠なことでもあります。

話が長くなればなるほど頭の中が混乱し、自分のしゃべっていることがよくわからなくなりますよね。つまり、話が長い人は、緊張して言葉に詰まりやすい状態に自ら向かってしまっているのです。

1分で話をまとめる練習法

用意する物

時間経過が表示される録音できるもの（スマートフォンやボイスレコーダーなど）

やり方

❶ 自分で決めたテーマに沿って、話す内容を約3分間検討する

ポイント

話す内容についてメモを取りましょう。あくまでも箇条書き程度に。

❷ 録音機を起動し、実際に話してみる

ポイント

話をしている最中に経過時間を見ないように。

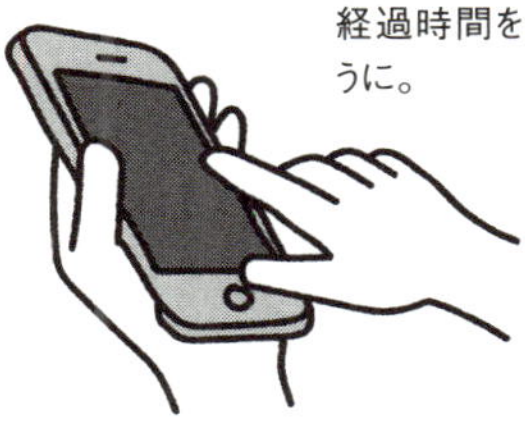

❸ 自分の話の内容を録音し、終わったら録音時間を確認する

ポイント

回数をこなせば次第に1分という時間の感覚がつかめてきます。最初は1分に収まらないかもしれませんが、気にせず続けてください。

❹ 録音内容を確認する

ポイント

①で考えたとおり、わかりやすく話をしているか。声のトーン、大きさや間が適切か確認します。

鉄則❹

話をわかりやすくまとめる2つのコツ

さて、前項では1分以内で簡潔に話を伝えるトレーニング法を紹介しました。しかし、1分で話せるようになったものの、話を聞いても、いったい何を伝えたいのか、自分自身でもわからないということもあります。そういう人の多くは、話す内容の構成やまとめ方がわかっていない、ということがあります。

ここでは、それらを解決する2つのコツを紹介しましょう。

一つ目は「言いたいことを一つに絞る」ということです。人は、意識しないと話が散漫になるものです。きっとみなさんにも就職活動の面接や、会議で質問をされたときなど、そうした経験があるのではないでしょうか。

話が方々に飛んでしまったり、情報がてんこ盛りになってしまうと、聞く人が「それで、

何が一番言いたいの？」「結局、何の話でしたっけ？」となるのは目に見えて想像がつくことです。複数のトピックがあることで、どのトピックスも印象に残らないからです。

そうした事態を防ぐためにも、言いたいことは一つに絞りましょう。

二つ目は「結論をキャッチコピーのようにして冒頭で伝える」ということです。映画を思い出してみましょう。映画は、何の予備知識もなく途中から見ると、その内容はほとんど理解できません。でも、先に予告編やＣＭなどを見ていて、「この映画は恋愛映画」など予備知識が少しでもあると、途中から見ても何となく内容の想像がつきます。

つまり、「この話のテーマは〇〇だ」ということが伝わっているか、伝わっていないかで、相手の理解度は大きく変わるのです。

ですから、「今からこういうことを話しますよ」「主題はこれですよ」ということを冒頭で伝えることが有効なのです。インターネットの記事のタイトルや新聞の見出しと一緒ですね。これは、プレゼンテーションでも、結婚披露宴時のお祝いのスピーチでも同様です。

以上の2つのコツを取り入れて、もう一度、前項のトレーニングにチャレンジして、録音した内容を聞いてみてください。きっと、「これは自分ではない、他の誰かの話なのでは」と驚くことでしょう。いえいえ、それは別人ではありません。今、本書を読んでいるあなたの声、あなたの話です。

さぁ、あなたはすでに、あなた自身が納得する話し方ができるようになってきたと思います。ここからさらに話し方に磨きをかけるトレーニングとして、次の2つをオススメします。実践できる方は、ぜひ、試してみてください。

鉄則⑤

早口にならず時間内に優先順位を意識して話す

フリーアナウンサー時代、私は1分間にどれくらいのペースで話せば相手に伝わりやすいのかを研究しました。すると、1分間に300〜350文字のペースで話すのが、多くの人にとって聞きやすいスピードであることがわかりました。実際、NHKアナウンサーは1分間に300文字くらいのペースで原稿を読んでいます。

鉄則3のトレーニングをする中で、言いたいことを何とか1分以内に盛り込みたいがために、早口になったという人もいると思います。

しかしながら、早口でしゃべって、「言いたいことを1分でまとめることができた!」というのは、相手を思いやり、スムーズに話をすることとは異なります。1分間でまとめるというのは、伝えたいことを簡潔に伝えるためのトレーニングです。目的はきちんと相手

1分間に300〜350文字で話すトレーニング

に理解していただけるように伝えることですので、必ず適切なスピード、つまり1分間に300〜350文字で話すことを心がけてみましょう。

さて、1分間で話すことをマスターしたら、今度は3分間で話すトレーニングに移ります。話のテーマは、「朝起きてから今までしたこと」です。これを3分間で伝えます。今回も、大切なことは、話す内容のポイントを見出しとして箇条書きにすることです。3分間は1分間の3倍ですから、まず、大きく3つの見出しを書き出します。時系列に沿ってもいいですが、できればもっとも重要なことから伝えていくほうがいいでしょう。もっとも伝えたい内容が3番目だったとして、もし時間が足りなくなったら伝えたい内容を伝えることができなくなるからです。

ビジネスにおいて、仕事の優先順位をつけることは大変重要です。それは、話すときも同様です。肝心な話をすることなく、商談や打ち合わせを終えるのは、言語道断。ビジネスマンとしてマイナスの烙印を押されかねません。それくらい、時間内に話を終えることは、大切なことです。

加えて、その構成も重要です。生放送のテレビやラジオの台本も同様です。たとえば、伝える内容を5つ用意していても、万が一、時間が足りなくなったときのことを想定し、視聴者に伝えたい内容から紹介していきます。そして、後半に持ってくる内容は、場合によっては割愛してもよい内容として進めていきます。

優先順位のつけ方がわからない人は、相手の立場に立ってみましょう。たとえば、あなたが、上司に得意先との会食時の報告をするとき。自分が上司だったら、何を知りたいと思うか、どんな報告を期待するのかを考えます。忙しい上司に報告をするときにも、なるべく短時間で、上司の知りたい情報を報告すると、できる人だと評価してもらえますから、上司の表情はしかめっ面にはなっていないはず。相手の表情が怖いと感じると、萎縮してうまく話せなくなります。そういう意味においても、短時間で、相手の求めている内容を伝えることは大切なことです。

鉄則❻

聞く人がわかるように結論を伝える

短くわかりやすく話すには、「冒頭に結論を持ってくる」というコツを紹介しましたが、だからといって、きちんとした起承転結は必要ありません。

むしろ「起承転結で話さないと……」「話のオチをつけなければ……」と考えれば考えるほど、緊張してしまいます。余計なプレッシャーを抱える必要はありません。起承転結については、一度忘れましょう。

特に「転」は必要ないというのが、かねてより私が思っていることです。「転」は話の展開を意味します。小説や映画、漫才などのエンターテインメントとは異なり、ビジネスでは「転」の部分をお互いで話し合って考えていくものです。ですから、勝手にこちらから「転」を示したら、「どういうこと？」と相手を混乱させてしまいかねないのです。

PREP法

ビジネスの世界で、話をどう進めたらいいか参考になるのは、むしろ私はPREP法や時系列法だと感じています。

PREP法は、POINT・REASON・EXAMPLE・POINTの頭文字を取ったもので、「結論（P）→理由（R）→例（E）→結論（P）」という話の流れのことです。最初と最後に話のポイントとなる結論を明確に示すことで、話したいことがきちんと相手に伝わりやすい話し方の一つです。

時系列法は、読んで字のごとく、過去・現在・未来という3つの時間に区切って、話を進めるものです。ビジネスで何か新規の提案をするのならば、「現在→過去→未来」という順序で、結婚式のスピーチなら「過去→現在→未来」という順序で話をします。時間に制限がない場合は、この時系列法はとてもわかりやすく、構成も立てやすいので、人前であがりやすいという人は、もっとも使いやすい方法でしょう。

また、ハンバーガー話法というものもあります。これは前出のマナーコンサルタント・西出ひろ子先生が考案したものですが、もっとも伝えたい言葉を、いきなり直球で投げかけるのではなく、その前後でオブラートにつつむというマナーある話し方です。一番言いたいことをミートなどの具に見立て、上からも下からもバンズ（配慮のある言葉）で挟み込むのです。

たとえば上司に反対意見を述べたいとき。いきなり反対意見を言えば角が立つので、なかなか言いづらいと思います。ですから、きちんと相手のことを配慮した言葉で反対意見をつつむのです。

前置きのプラス言葉……○○課長の先ほどの話は非常に勉強になりました（＝下のバンズ）

もっとも伝えたい言葉……ただ今回は、私としては××を採用するほうがいいと思うのですがいかがでしょうか（＝真ん中の具）

よい印象を残す後言葉……ご多忙の中恐縮ですが、ご検討いただけますと幸いです。どうぞよろしくお願いいたします（＝上のバンズ）

ハンバーガー話法とは

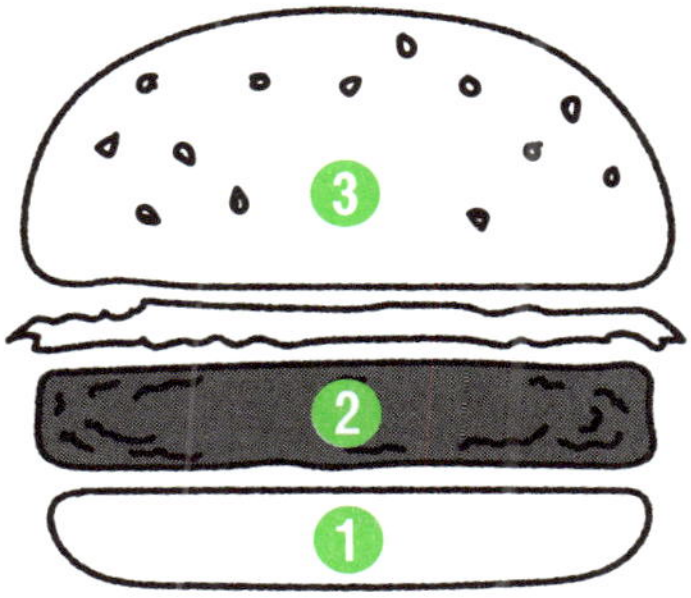

❶
ハンバーガーの下のバンズ＝第一声
【相手への配慮】
◯◯課長の先ほどの話は非常に勉強になりました

❷
ハンバーガーの具＝第二声
【伝えたいこと】
私としては××を採用するほうがいいと思うのですがいかがでしょうか

❸
ハンバーガーの上のバンズ＝第三声
【もう一度、相手への配慮】
ご多忙の中恐縮ですが、ご検討いただけますと幸いです

鉄則7

原稿は書いてもいいが、読んではいけない

スムーズに話を進めるには、少なくとも文章の構成をつくり、話の流れを考えておく必要があります。論理が破綻していると、話が頭に入っていくことはありませんので、事前の準備は必須だといえます。

必要ならば原稿を準備するのもいいでしょう。書くことで頭の中が整理されることも往々にしてあります。作家の故・井上ひさしさんも、ものを考える一番有効な方法は書くことであると言っています。

しかしながら、完璧な原稿を用意して、それを完璧に読もうとすることは、オススメできません。完璧を求めすぎる結果、極度の緊張に襲われるからです。また、不測の事態（話の最中にいきなり質問されるなど）が起きたときに一気に頭の中が真っ白になってしまう

のも、「丸暗記」したときに起きることです。

もしも原稿を書いたとしても、それは一度忘れてください。そして覚えておくのは要点だけにします。

また、原稿を丸暗記して読むことには、別の欠点もあります。それは、話す内容が書き言葉になることです。書き言葉で話すと、内容がいくら斬新で素晴らしいものであっても、途端につまらないものに変身してしまいます。

ですから、言うべき主旨と、構成を頭に入れる程度で本番をむかえるようにするのが一番です。

要点を書くときには、手書きをオススメします。使い慣れたパソコンやスマホ、タブレットなどのＩＴ機器を使いたいという気持ちもわかりますが、手を使って書くことで記憶に残りやすく、頭にスッと入っていきます。キャッチコピー（タイトル）をつくるのもいいでしょう。

どうしても原稿を用意したい、あるいは原稿を用意する必要があるという場合は、要点をハッキリさせるために、重要なところを赤丸にしたり、蛍光ペンで下線を引いたりして、目立たせておくようにしましょう。これで不測の事態が起きたときでも、対処しやすくなります。

第4章

「リラックス」した状態で本番をむかえるための方法

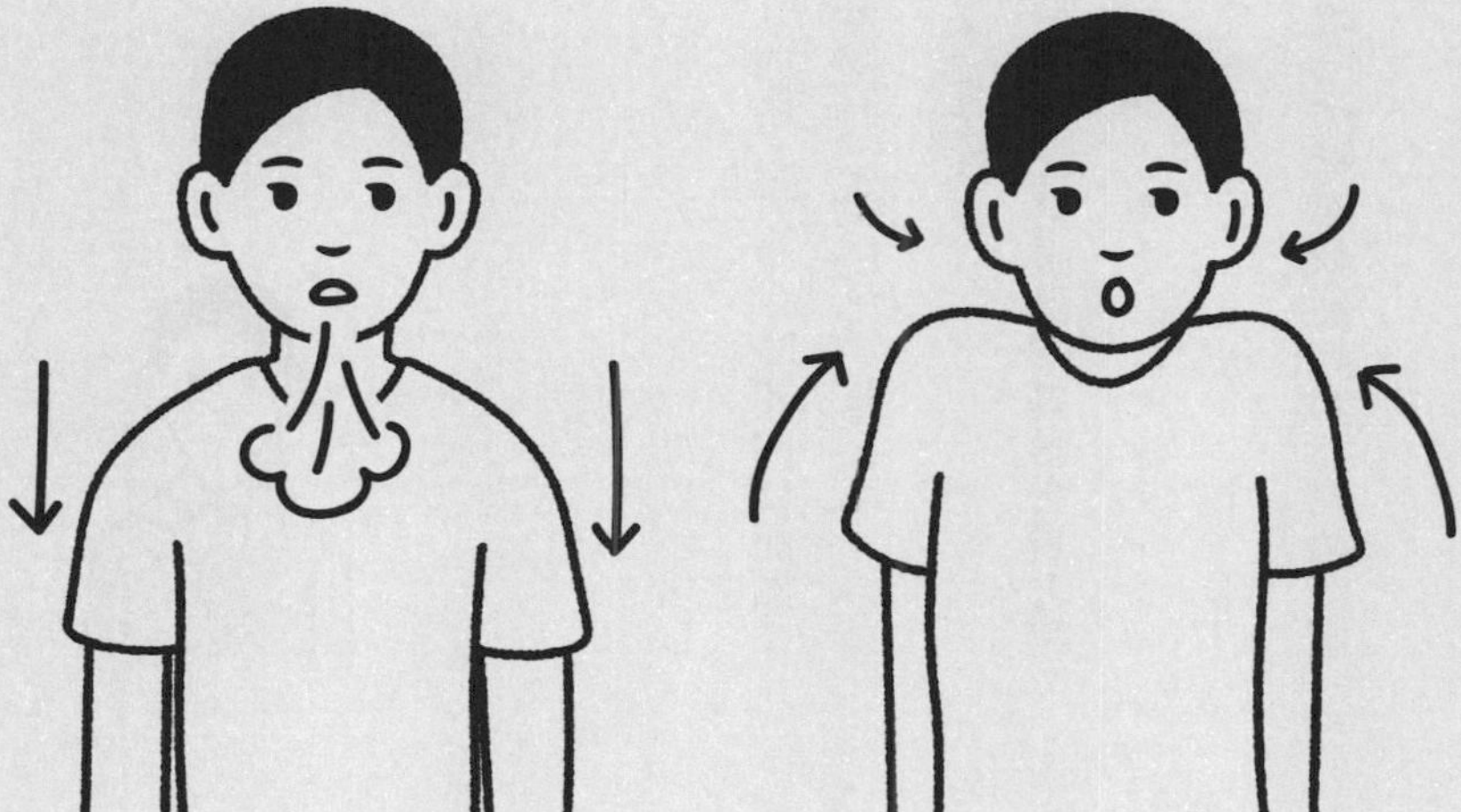

「リラックス」した状態でスピーチやプレゼンの日をむかえるために

本書をここまで読み進めていただいた方には、これ以上必要な、あがらないための話し方やテクニックなどはありません。あがらないための気持ちの持ち方や、時間内に簡潔に話をまとめることができるようになるトレーニング法もマスターしました。あとは、あなた自身を常に、緊張から解放されている状態につくり上げることです。

あがっているときに、身体は緊張状態にあります。しかも極度な緊張は、異常緊張と呼ばれ、私たちの自律神経に相当に影響しています。面接や試験、大事なプレゼンテーションの前日に緊張して眠れなかったというのも、自律神経の乱れから起こる現象です。睡眠前は、本来、副交感神経が優位ですが、交感神経が優位になって興奮状態にあるため、眠れなくなるのです。

自律神経を整えるには、凝り固まっている筋肉を〝緩める〟ことが重要です。身体が緩むと、声もお腹の底（丹田）から出せるようになります。

本章では、身体と心の緊張を緩め、相手が聞き取りやすい声を出すためのトレーニング法などをお伝えします。そして、私と約束をしてほしいのです。これからお伝えすることは、一夜漬けでなんとかしよう、というその場限りで終わらせてほしくない内容です。

あがらない自分づくりは一日にして成らず

「明日本番だから、今日、対策をする」という考え方では大きな効果は得にくいのです。

これからお伝えすることは、「来週の本番に向けて、今日から7日間、毎日続けてみる」「週に2回、残業がない日にコツコツと試してみる」といった具合に、日頃の積み重ねが多ければ多いほど、大きな効果が得られます。そして、あなたはずっと、〝あがらない〟体質に変身できます。

〝あがり虫〟を身体の内部から追い出そう！

人前であがってしまう人は、その原因となる〝あがり虫〟が体の中に入り込んでいる、と考えてみてください。そう考えれば、あがり虫を体内から追い出すことで、あがってしまう癖が徐々になくなっていきます。

あがり虫を身体の中から追い出す方法は非常に簡単です。

両足を肩と同じ幅に開いて立ちます。頭のてっぺんから腰にかけてはまっすぐにし、膝は少し曲げます。両手は力を抜いてブラブラさせてください。

そして（手のひらを上に向けたまま）両手を上に持ち上げながら、「あがり虫、出て行けー！」と言いながら、指先から、あがり虫が出て行くイメージをしてください。これを

10回繰り返します。

次はポジティブな言葉を使って同じことを10回行います。

たとえば「成功する！」とか「うまくいく！」など、自分オリジナルの言葉で構いません。

あがり虫を追い出すときには手のひらを上に向けていましたが、今度はポジティブな気持ちを体内に取り込む必要があるので、手のひらは下にして、かき込むように行います。

実はこの動きは、気功からきています。この動作を行うときのポイントは、余計な考えを持たないことです。この動きを行うと、身体と頭がスッキリします。最初のうちは恥ずかしいと思うかもしれませんが、定期的に行っていくことで、今まで身体に居座り続けていたあがり虫を追い出すことができるのです。

人前で話すときや営業で外にいるときなどは、直前に「あがり虫、出て行けー！」と言う場所や時間がないかもしれません。そういったときには、同じ姿勢で、今度は膝を曲げずに立ちます。そしておへそを中心にして、腰から上半身を左右に振ります。このとき、両手も身体の動きに合わせて自然に振ってください。実際には、手を振るのではなく、おへそを中心に上半身を動かし、それによって自然と手がブラブラと振られるイメージです。

これも10回行います。

この運動で身体がほぐれ、頭の中も緩み、気持ちに余裕ができてきます。

いずれの動作も日頃から行うことが大切です。これは、あがらずに話せるようになる自分になるための「断捨離」と思ってください。あがる、という自分を断ち、あがるという気持ちを捨て、あがり虫とは離れて行く作業です。断捨離のあとは、気分爽快、リラックスモードのスイッチが、オンになります。

発声の改善に効く「腹式呼吸」を手に入れる方法

話すときには、口から声を出します。あなたは今まで、特別に発声の仕方を学んだことはありますか。発声を改善したいときによくいわれるのが「腹式呼吸」です。でも、腹式呼吸ってどうすればいいんだろう？　と思いませんか。私の話し方の生徒たちも、はじめは、「腹式呼吸の仕方がわからない、難しい」と言う人が少なくありません。

鼻からゆっくり息を吸い込みながらお腹を膨らませ、息を吐くときはお腹を萎めながら口から少しずつ出していく……と言われても、なかなかできないものです。もちろん、なかにはできる人もいますが、これを普段から自然体で行うことに慣れていないと、「いざ本番」というときにできるはずがありません。

ですから、自然体で腹式呼吸をするという状態を把握したうえで、意識せずとも腹式呼吸ができるようになる必要があります。

そこでもっとも手っ取り早く、かつ自然体で腹式呼吸の感覚がわかる方法をお伝えします。とても簡単ですので、今日から始められます。


まず床に仰向けで寝転がってください。

そして両手をお腹の上に置きます。以上です。


その状態で普通に呼吸してみてください。息を吸うとお腹が膨らみ、息を吐くとお腹が萎むのが、手に取るようにわかると思います。これが腹式呼吸です。

実は、人は寝ているとき、自然に腹式呼吸をしているものなのです。

「私たちは、毎日、仰向けで寝ているときには、腹式呼吸ができている」、そのことを知ってしまえば、「できる」という自信につながります。

まずは寝る前の15秒でけっこうです。お腹に手をあてて、お腹が膨らむ、へこむの動きを実感してみましょう。それに慣れてきたら、次は、イスに座った状態でお腹に手をあててみる。そこでも実感できたら、今後は立っている状態で同じことができているかチェックしましょう。

さて、なぜこの腹式呼吸が大切なのか。それは、発声をよくするというのに加え、脳を活性化させることにつながるからです。「腸は第二の脳」と言われることもあるほど、腸と脳は密接な関係にあります。腹式呼吸によって腸を動かすことで、脳を活性化させることができて頭が冴え、その結果、人前に出てもきちんと話すことができるようになるという効果もあるのです。

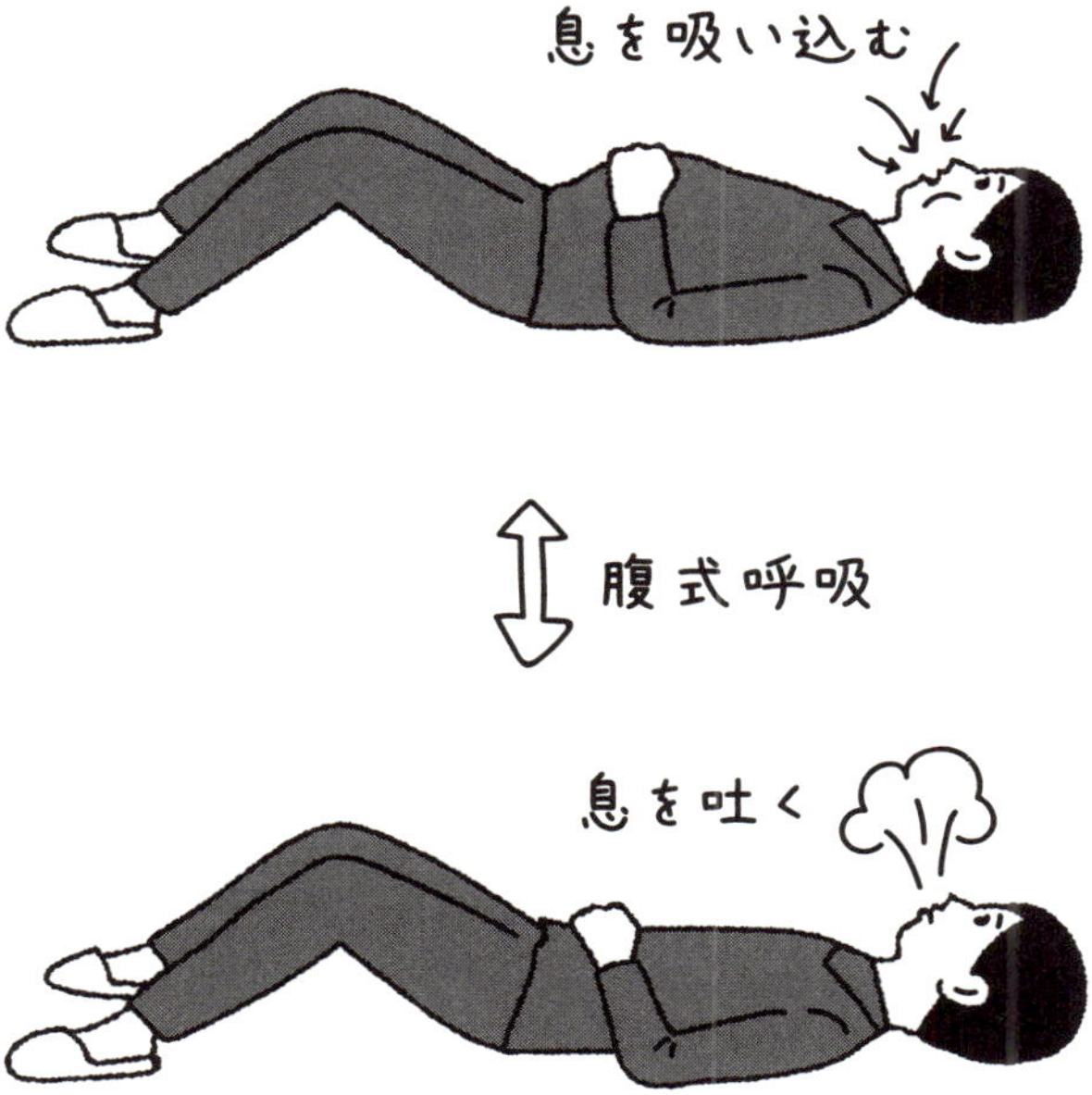

硬直した身体を緩めるために本番前にできること

さまざまなビジネスの局面で人前に立って話すときにも、面接や営業で企業を訪問するときにも、本番直前にできることは限られています。

そこで、ここでは小さな動きでも効果が十分に出るストレッチ方法をご紹介します。

それは、肩をキュッと上げて下ろすという動作。肩を上げているときに、重力を感じて一気にストンと下ろす感じです。肩を上げるときには息を吸い、下げるときに息を吐きます。これを5回やることで、肩の力がほどよく抜けていきます。

この動作によって、カチコチに固まった身体をある程度ほぐすことができます。しかし、身体が強張ってしまうのは往々にして精神的に緊張しているからです。これをいくら身体

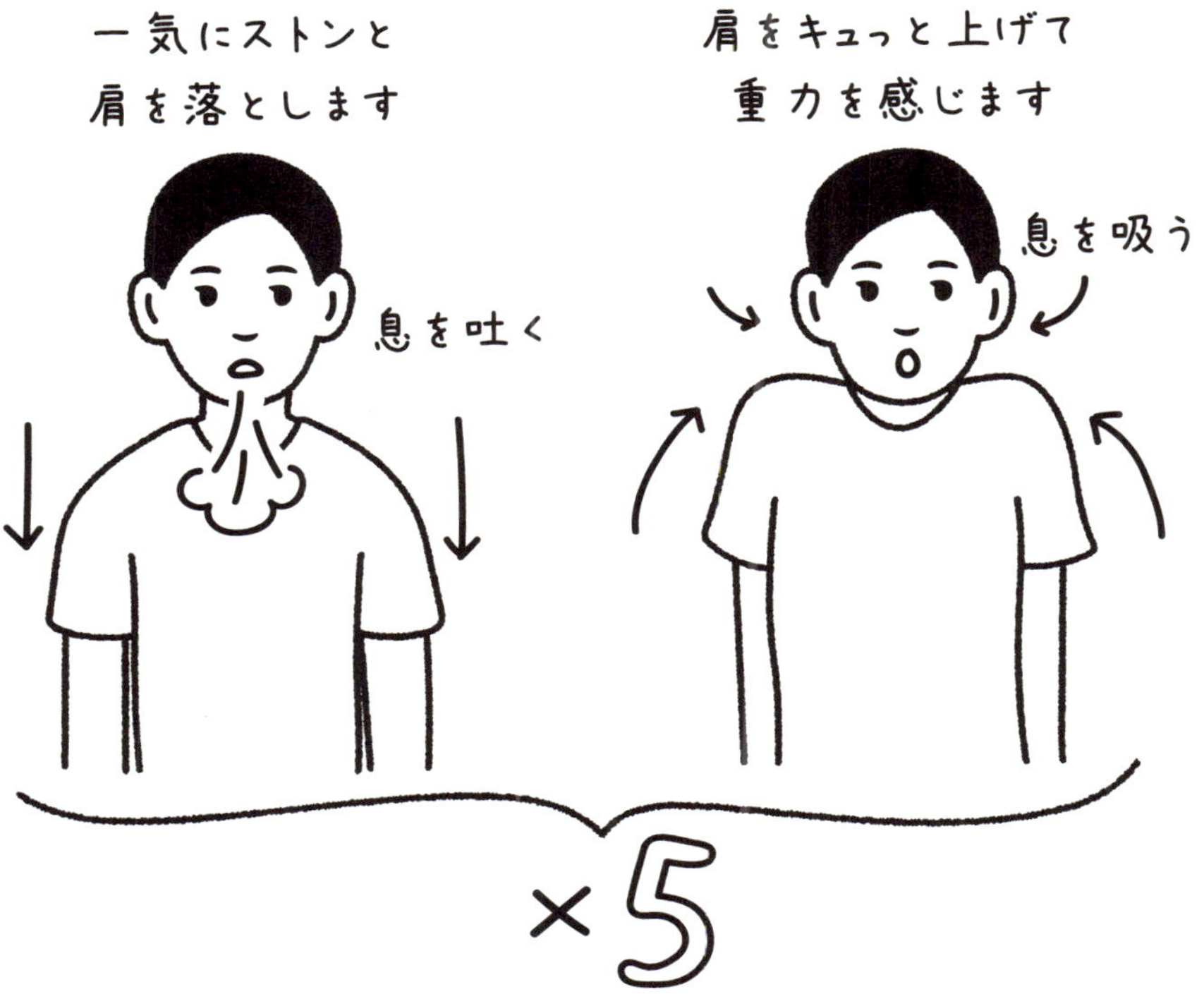

的にほぐそうと思っても、限界があります。

そこで自分の好きな飲み物を用意することも効果的です。好きな飲み物をカバンに入れておき、本番前に口にすることで、精神的にホッとすることができます。

好き嫌いがあるので絶対ではありませんが、できれば冷たいものよりも温かいものがいいでしょう。温かい飲み物が苦手だという人は、最近ではコンビニエンスストアなどで「常温」のものもあるので、一度試してみてはいかがでしょうか？

聞き取りやすい声を手に入れるトレーニング

自分に自信が持てると、人前であがらずに、リラックスした状態で話すことができるようになります。そして「自信がない」と感じがちなのが「声」です。ですから、声を磨いておくことはとても大切です。

暗くボソボソとした声では、いくら理路整然とした素晴らしい内容の話でも、印象は悪いものになってしまいます。

まずは、しっかりと通るハキハキした声を出せるようにしましょう。

普段からできる簡単なトレーニング方法があります。

ティッシュペーパーを丸めて口の中に入れていきます。くれぐれも、飲み込むことのないように注意して、もうこれ以上入らないくらいまで詰め込んだら、「あぁーーー」と息が続く限り発声します。おそらくこのとき、声が出づらいはずです。それでも頑張って「あぁーーー」と声を出します。もうこれ以上、声が出なくなったと思ったら、終了、1回だけでOKです。

次に、口の中に入れたティッシュペーパーを取り出して、「こんにちは」と声を出してみてください。すると、自分の声とは思えないほど、一気に通る声が出るようになっていることに驚くはずです。この声を聞くと、なぜか嬉しくなり、自信がついてきます。

自信ある気持ちで人前に立てれば、落ち着いて話をすることもできるでしょう。その声を本番でも出せば、自分の言うことがしっかりと相手に伝わります。すると、聞く人の誤解も減り、聞き返されることがなくなります。そうするとさらなる自信につながっていきます。

もちろん声の質自体は、一人ひとり異なるので、全員がアナウンサーのような声になるわけではありません。でも、それは重要なことではありません。

あなたオリジナルの声の質でも、しっかりと通る声でハキハキと話せばいいのです。あくまでこれは、相手に届きやすい声を出すためのトレーニングです。

繰り返しますが、くれぐれも、ティッシュペーパーを飲み込まないように、注意してください。

滑舌が劇的によくなる母音のトレーニング

個人のオリジナルの声でいいとはいえ、よりよい声、具体的には滑舌のよい声で話したいですね。そこで大切なのが、母音の使い方です。

日本語は母音でできています。ですから、「アイウエオの練習」をすることが効果的なのです。まずは正しい口の開け方を覚えてください。ア行（母音）を正しい口の開け方で練習することにより、言葉が明瞭になります。

これらを身につけたら、実際に声を出して「アイウエオの練習」を行います。

「アイウエオの練習」は、滑舌をよくするためのトレーニングです。言いにくい段、噛んでしまう段は自分にとって苦手な音ですので、集中的に練習することによって、言葉にしたときに

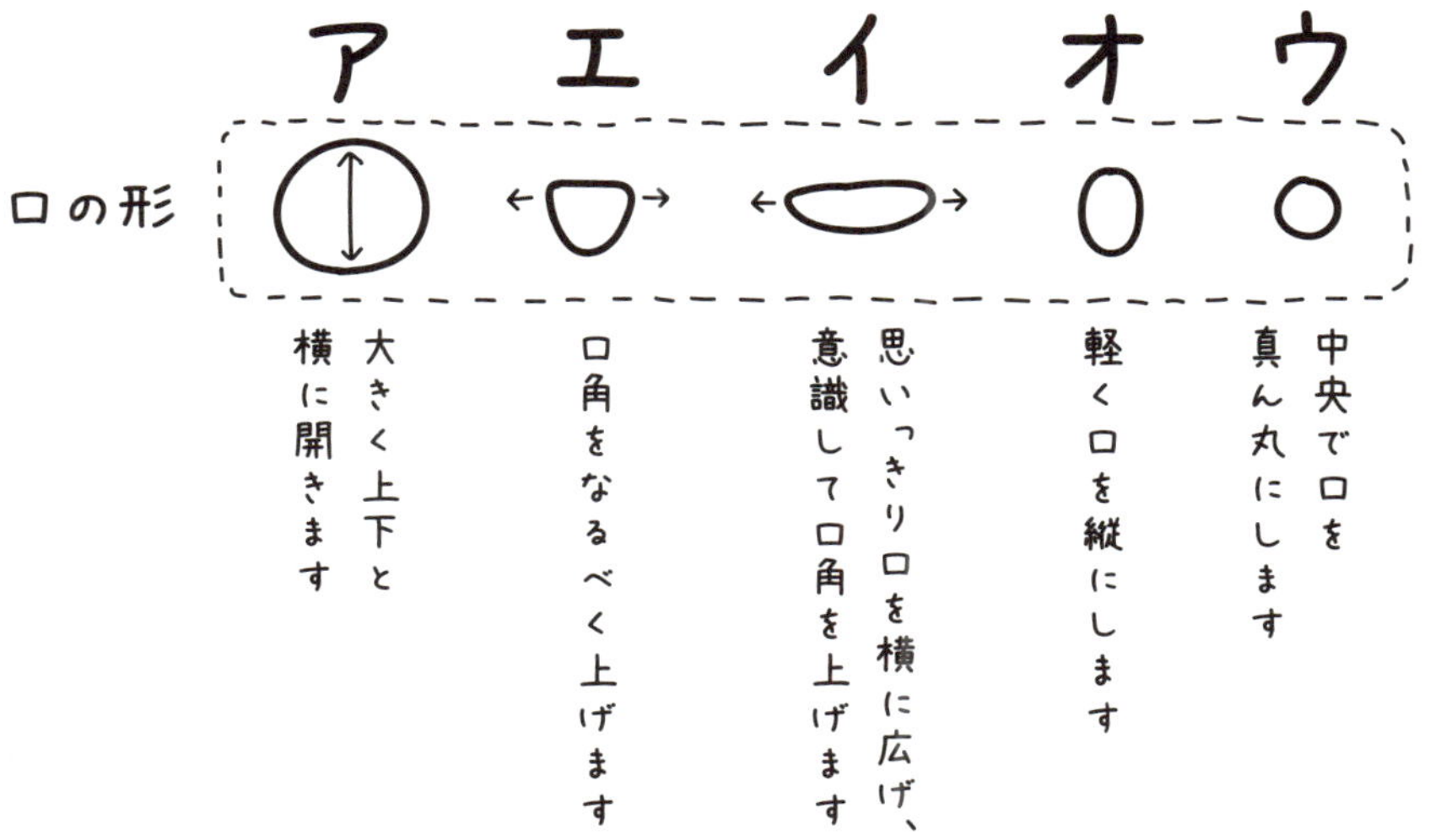

噛んだり、聞き返されることが少なくなります。

また、息つぎせず一息に言える長さをどんどん延ばしていく訓練もしてください。これにより息が長く続くようになり、安定感・信頼感・説得力のある話し方ができるようになります。

正しく母音を発声できるようになったら、次は口を自在に動かすためのトレーニングです。ア行からワ行までの「早口言葉」を練習してみましょう。

早口言葉は、口の周り、顔の筋肉をしっかりと動かして、言いにくい音を噛まずに言えるようにする練習になります。リズムをつけて、50音が含まれる言葉を速く、丁寧に続けることで、今までとは見違えるほど滑舌がよくなります。

アイウエオの練習

アイウエオ	イウエオア	ウエオアイ	エオアイウ	オアイウエ
カキクケコ	キクケコカ	クケコカキ	ケコカキク	コカキクケ
サシスセソ	シスセソサ	スセソサシ	セソサシス	ソサシスセ
タチツテト	チツテトタ	ツテトタチ	テトタチツ	トタチツテ
ナニヌネノ	ニヌネノナ	ヌネノナニ	ネノナニヌ	ノナニヌネ
ハヒフヘホ	ヒフヘホハ	フヘホハヒ	ヘホハヒフ	ホハヒフヘ
マミムメモ	ミムメモマ	ムメモマミ	メモマミム	モマミムメ
ヤイユエヨ	イユエヨヤ	ユエヨヤイ	エヨヤイユ	ヨヤイユエ
ラリルレロ	リルレロラ	ルレロラリ	レロラリル	ロラリルレ
ワイウエオ	イウエオワ	ウエオワイ	エオワイウ	オワイウエ
ガギグゲゴ	ギグゲゴガ	グゲゴガギ	ゲゴガギグ	ゴガギグゲ
ザジズゼゾ	ジズゼゾザ	ズゼゾザジ	ゼゾザジズ	ゾザジズゼ
ダヂヅデド	ヂヅデドダ	ヅデドダヂ	デドダヂヅ	ドダヂヅデ
バビブベボ	ビブベボバ	ブベボバビ	ベボバビブ	ボバビブベ
パピプペポ	ピプペポパ	プペポパピ	ペポパピプ	ポパピプペ

早口言葉の一例

【ア行】　青《あお》は藍《あい》より出《い》でて　藍より青し

【カ行】　くりくり坊主が　栗くって
くりくり舞《ま》いを繰り返し
くるりと　庫裏《くり》へくりこんだ

【サ行】　新設　診察室　視察《しさつ》

【タ行】　東京特許許可局の許可局長

【ナ行】　生麦　生米　生卵
生ジャケ　生味噌《なまみそ》　生マイタケ

【ハ行】　坊主が屏風《びょうぶ》に上手《じょうず》に　坊主の絵を描いた

【マ行】　赤巻紙　青巻紙　黄巻紙

【ヤ行】　八日《ようか》の夜《よる》の夜回《よまわ》り　夜通《よどお》しよろよろ

【ラ行】　とろろ芋《いも》をとる苦労より
とろろ芋からとろっとする　とろろ汁《じる》をとる苦労

【ワ行】　わしの家《いえ》のわしの木に　鷲《わし》が留まったから
わしが鉄砲《てっぽう》で鷲を撃ったら
鷲も驚いたがわしも驚いた

直前まで談笑しているアノ人が本番に強い理由

私の師匠であるマナーコンサルタントの西出ひろ子先生が、テレビドラマや映画で活躍するある女優さんの話をしてくれたことがあります。

あるとき、ドラマの撮影現場にマナー指導者として呼ばれて行ったときのこと。ドラマの撮影は、セットチェンジなどに時間を要することがあります。いわゆる、待ち時間です。このとき、その女優さんは本番までずっとヘアメイクさんや、西出先生と談笑していたそうです。それも、話している内容は、ドラマとはまったく関係ない話。そして、いざ本番が始まると、セリフ一つ間違えることなく、一発ＯＫで見事に役を演じ切ったとのこと。

西出先生は、その女優さんに「素晴らしいですね。本番前の待ち時間に、台本を確認なさらないのですか」と尋ねてみました。

すると、思いがけない答えが返ってきたのです。

「私はとても緊張してしまうので、本番前の現場で台本を見ると、その緊張が増すタイプなんです。だから、前日までにしっかりとセリフを覚えて、本番前は考える時間をつくらないようにしているのです」と。

本番直前にセリフを何度も確認し、「間違えたらどうしよう」と考えれば考えるほど、緊張して余計に間違える。だから、前日までにしっかりと準備して、本番は談笑しているのです。それも撮影とは関係ない話ができるスタッフの方々と。

このように、あえて本番のことは考えないことで、緊張する時間をつくらない。リラックスした状態で本番をむかえることも、一つの方法ですね。

第5章

自己紹介、電話応対、スピーチ…シーン別あがらずに話すためのコツ

ここまでの章で「どうして人前であがってしまうのか」「スムーズに話をするための鉄則」などを理解していただいた方は、〝あがらない体質〟のベースができあがりました。自分のことよりも、まずは聞く人の立場に立って、「話し方の基本5原則」を常に実践すること。そうれば、人前や電話などで話をすることが楽しくなり、あなたからネガティブな面までも消え去ることでしょう。

本書でお伝えしている話し方のコツを信じて実践することで、身体も緩み、ストレスから解放され、気持ちも前向きに明るくなれます。この話し方の強化書、すなわち教科書は、一石二鳥、三鳥、四鳥、五鳥を実現します。

あとは、話の構成のつくり方と内容です。

本章では、あなたが遭遇するであろう、さまざまなシチュエーションを想定し、具体例を紹介します。

自己紹介

自己紹介では、相手にあなたの顔と名前を覚えてもらうことと、あなたがどのような人物であるのかを知ってもらうことが大切です。これらのポイントを外さないようにして、さらに好印象を持ってもらえる自己紹介をしましょう。

ここでは、入社した直後や、他の会社との交流会などで使える、自己紹介の一例を紹介します。

①あいさつ

第一声は、あいさつから始めるのが鉄則です。あいさつを終えた後に、名前を名乗ります。ポイントは、明るく、聞き取りやすいスピードで話すことです。

みなさん、おはようございます。本日からお世話になります田中健人です。よろしくお願いいいたします

ポイント▼ここで、最敬礼くらいの丁寧なお辞儀をすることを忘れずに。

②導入

次に、名前を覚えてもらう工夫をします。

〝健人〟という名前は、日本だけでなく、世界で活躍する人になってほしいという思いをこめて、父が名付けてくれました。覚えてもらいやすい名前で、とても気に入っています

ポイント▼手短に名前にまつわるエピソードを伝えるなど、相手の印象に残ることを意識します。

③具体的な内容

続いて、人となりがわかるエピソードなどを話しましょう。このとき、具体的な内容を盛り込むことで、聞き手の理解度が高まります。

私は、大変緊張しやすい性格で、今もドキドキしています。実は、最終の役員面接のとき、あまりにも緊張しすぎて、「すみません。一回、深呼吸させてもらってもいいですか」と深呼吸をさせてもらいました。面接が終わって、「これは、もうダメかな」と思っていたのですが、今、こうしてここにいます

ポイント▼ここで大切なのは、内容のポイントを絞ること。多くの情報を盛り込みすぎると、かえって印象がぼやけてしまいます。

④締めのあいさつ

最後に、締めくくりのあいさつをします。

このような私をこの会社の一員にしてくれたことに感謝し、一所懸命、頑張ってまいりたいと思っております。精一杯努めてまいりますので、どうぞよろしくお願いいたします

ポイント▼最後のあいさつでは、ネガティブな印象を与える言葉は使用しないように気をつけましょう。たとえば、「ご迷惑をおかけすることもあるかと思いますが」など、よくある一言です。これは、一見、謙虚に聞こえるかもしれませんが、このような言葉を使用すると、「この人は、迷惑をかける可能性がある人」とストレートに受け取る人もいるかもしれません。最初の自己紹介で、誤解を招く言葉をあえて伝える必要はありません。現代は、グローバルな時代です。海外の取引先と仕事をすることもあるでしょう。謙虚な言葉は日本人の美徳ではありますが、それがマイナスに作用する場合もあります。あなたの自己紹介を聞いた相手が、前向きで、清々しい気持ちになれる言葉を選ぶことで、互いのプラスを生み出すことができます。

ここで、自己紹介の基本パターンとなる流れを、まとめると、次のようになります。

①最初のあいさつ
②名前
③お辞儀
④自分を知ってもらうためのコメント

⑤締めのあいさつ
⑥名前
⑦お辞儀

これを、わかりやすく図にしてみましょう。

①〜③パン…あいさつ＋名前＋お辞儀
④具…自分を知って、覚えてもらうための具体的なエピソード
⑤〜⑦パン…あいさつ＋名前＋お辞儀

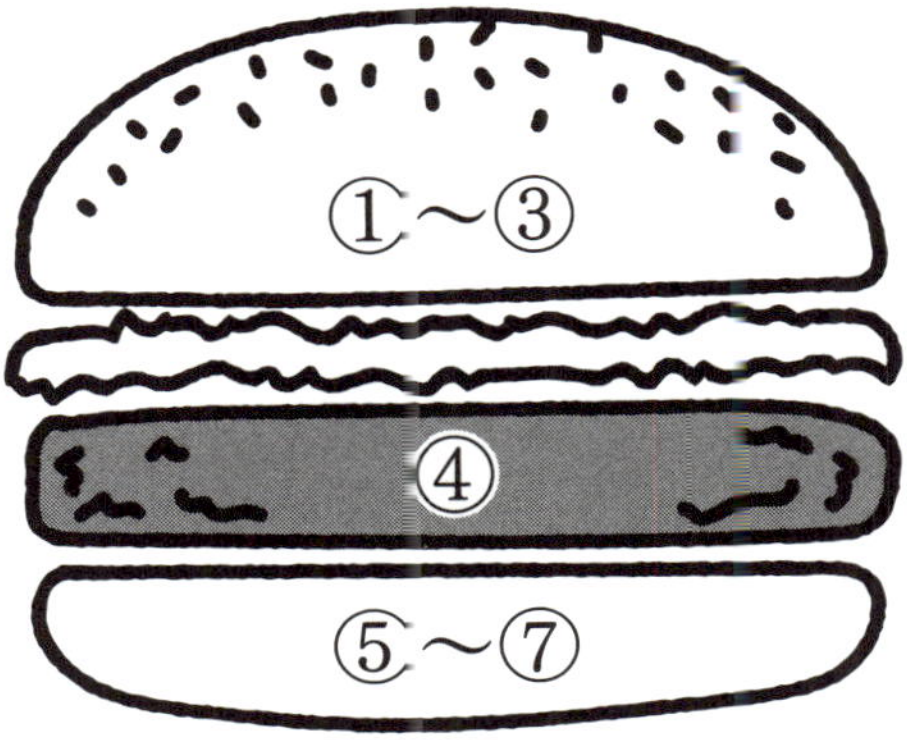

これは、第3章でもお伝えした、ハンバーガー話法の応用編です。
つまり、自己紹介の基本的なパターンは、「自分を知ってもらうためのコメントをあいさつ言葉＋名前で挟み、最初と最後にお辞儀をする」というものです。

ポイント▼具体的な「エピソード」を用意しておく。

その場にいる方々と共通するエピソードや、自身を知ってもらうために有効なエピソードを盛り込むことで、多くの人の中から、あなたのことを覚えてもらえます。

パターン1　共通する話題・場所などを盛り込む

例

先ほど部屋に入るとき、引いて開けるドアなのに、緊張のあまり押し続けてしまい、『鍵がかかっていて、開きません』と、人事部の方に伝えに行きました。入社早々、このような感じの私ですが……

と、締めのあいさつへと続ける。

パターン2　自身を知ってもらうための内容

例

趣味の登山で培った体力と忍耐力を活かし、粘り強く取り組んでまいります

など、趣味の話を仕事につなげる。

こんなとき
どうする!?

頭が真っ白になったときの脱却法

いろいろ考えていたのに、緊張のあまり頭が真っ白になって言葉が出なくなってしまった……誰にでも起こりうることです。そんなときは、焦ることなく、「実況中継」というプラスの逃げ道があります。

みなさん、おはようございます。
本日からお世話になります田中健人です。
…………頭が真っ白になってしまいました。
緊張のあまり頭が真っ白になってしまった
田中健人です。
こんな私ですが、
どうぞよろしくお願いいいたします

いかがですか？　なんだか、クスッと微笑ましく感じませんか？　緊張している様子が伝わってきたとしても、不快に感じることはないのではないでしょうか。このように、一見、失敗したと思うことも、プラスに転じることができます。これも、真のマナーの考え方から成るものです。決して相手を不快にさせない気遣いの精神です。

今の自分の状態を実況中継し、自己紹介は自分の名前を覚えてもらうことが一番の目的ですから、最後に名前を再度、付け加えておけば問題ないのです。

電話応対

人前で話すときに緊張する以上に、目の前に人のいない「電話応対」のほうが緊張する、という人は少なくありません。そこで、人前ではありませんが、本項では電話であがらずに話す基本についても触れておきます。特に新人の頃は、「電話が鳴ると怖い」「出たくない」という人も多く、企業の研修やコンサルティングでは、必ずといっていいくらい、電話応対の指導をします。

電話応対も、相手や状況に応じてさまざまではありますが、ビジネスシーンでは、基本のパターンがあります。この基本パターンを完璧にこなせると、少々の変化球がきても、うまく対応できるようになります。これからお伝えする電話応対の基本パターンをマスターすれば、安心して電話応対ができるようになります。

①電話をかけるときの基本

❶ 自社名と名前を名乗る

相手先が電話に出たら、自社名と名前を伝えます。続けて「いつもお世話になっております」の一言を必ず言うことが大切です。ゆっくりとわかりやすくがポイント。

私、●●社の田中健人と申します。いつもお世話になっております

❷ 誰と話をしたいのか、相手の名前（名指し人）を伝える

誰と話をしたいのか、その相手の名前（名指し人）を伝えます。このとき、「▲▲さんを

お願いします」は、マナーのない言い方です。たとえば、相手に役職があれば、「役職名（肩書）＋名前＋様」で名前を伝えます。電話を取り次いでもらうのですから、「お取り次ぎいただけますか？」と、最後に「？」をつけたお願い口調にしましょう。また、最初に、「恐れ入りますが」などのクッション言葉も、必ず添えます。

恐れ入りますが、
総務部の▲▲様へお取り次ぎいただけますか？

❸ 名指し人に替わったら、再度、自社名と名前を名乗る

話したい相手につながったら、あらためて、自社名と自分の名前を伝えます。また、電話は相手の了承なしに先方の時間に割り込むことになるので、最初に相手の都合を伺うことも忘れずに。

●●社の田中健人です。いつも大変お世話になっております。今、お時間を頂戴してもよろしいでしょうか？

※「お話させていただいてもよろしいでしょうか」は、自分が話すという一方的な自己中心的な言い方。相手の時間、都合を気遣う言い方にするのがマナーある言葉となる。

❹ 話したい相手（名指し人）が、不在のとき

話したい相手が不在だったときは、電話を取り次いでくれた人に伝言を残してもらいます。相手がメモを準備できるだけの間を空けてから、電話番号など必要な情報を伝えます。電話番号は、その地域名と、市外局番から伝えたほうが丁寧で、聞き手も理解しながらメモを取ることができます。

●固定電話からかけていた場合

電話番号をお伝えします。東京03の……

●携帯電話からかけていた場合

携帯電話の番号をお伝えします……

⑤切る前の、あいさつの仕方

要件が終わったら、お礼とあいさつを伝えてから切ります。電話はかけた側から切るのがマナーの基本なので、かけた側から、「それでは、どうぞよろしくお願い申し上げます」とあいさつをし、最後に「失礼いたします」と伝えます。

それでは、どうぞよろしくお願い申し上げます。失礼いたします

❻電話の切り方

受話器を置きながら電話を切らないようにします。電話を切るときには、まず指でフックを押さえて切ります。そして、両手で静かに受話器を置くのがマナーです。

ポイント1▼切るタイミングは、先方も「失礼します」と最後のあいさつ言葉を発したのち、心の中でゆっくりと、3つ数えてから切ります。

ポイント2▼あなたが切るのを遠慮していつまでも切らなかったら、相手も切ることができず、かえって迷惑になります。

こんなとき
どうする!?

相手が目上の人であったり、お客様だったら?

原則として、電話はかけた側が先に切りますが、相手が目上の人やお客様、取引先の人であれば、先方が切るのを待ってから切るほうがよいでしょう。

このように、電話応対には基本のパターンはありますが、相手や状況に応じて、その型は臨機応変に合わせていくことができるのがマナーです。話し方や言葉遣いも、同様です。「こうしなければいけない」「こう言わないと失敗する」など、がんじがらめになることはありません。

相手への気遣いや気配りはしても、気はラクに電話でコミュニケーションを取りましょう。

②電話を受けるときの基本

電話を受けるときの基本として、「わかった」というときは「かしこまりました」と敬語を使います。よく間違えるのが、「了解しました」。これでは、「私はわかりました」という自分中心の意味合いに聞こえてしまうため、避けたほうがいいでしょう。また、「承知しました」はギリギリ合格点。より丁寧な言い方である「かしこまりました」が、社外の人とのコミュニケーションではベストな言い方です。

❶ 電話が鳴ったとき、受話器を取るタイミングと第一声

電話が鳴ったら、1～2コール以内で次の言葉を添えて出ます。

〈第一声〉

● 朝10時半までの電話

おはようございます

●それ以外の時間帯

はい

ポイント▼ビジネスシーンでは、「もしもし」という言葉で、電話に出ることはしません。「もしもし」は「もの申す（申す申す）」から派生した言葉で、目上の人が目下の人に使う言葉だからです。

1〜2コール以内に出られなかった場合は、時間帯とは無関係に、第一声を次のように変えます。

●3〜4コール

お待たせいたしました

● 5コール以上

大変お待たせいたしました

❷ 自社名を名乗る

次に、自社名を伝えます。

はい！　●●社営業部です

ポイント▼職場に外線電話がかかってきたとき、「はい、佐藤です」などと、自分の名前をいきなり言わないように。まずは社名を伝え、部署名も伝える職場であれ

ば、それに準じます。

❸かけてきた相手の社名と名前を復唱する

相手が名乗ったら、会社名と名前を復唱して、確認します。

マナー商事の◆◆様でいらっしゃいますね

ポイント▼名前を把握したあとはできるだけ、「佐藤様」など名前で呼びかけるようにします。「あなた様」「そちら様」といった言い方より、相手が特別な扱いをされているという印象を得られるためです。

こんなとき
どうする!?

もしも相手が名乗らなかったら？

相手が名乗らなかったり、会社名を言わなかったときは、次のように促します。いずれも相手を責めるような失礼な口調にならないように注意しましょう。

● 相手が名乗らなかった場合

大変恐れ入りますが、御社名とお名前を伺ってもよろしいでしょうか

● 相手が名前だけを言って、会社名を言わなかった場合

◆◆様、差し支えなければ、御社名を伺ってもよろしいでしょうか

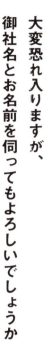

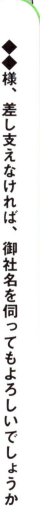

④ 日頃のあいさつ

次に、日頃のお礼のあいさつを伝えます。

いつも大変お世話になっております

ポイント▼電話は相手には表情や態度、姿勢は伝わりません。しかし、それはすべて、声の表情として、トーンや大きさとなって伝わります。御礼を述べるときは、受話器を持ったまま頭を下げることで、気持ちが伝わります。

こんなとき どうする!?

お世話になっていない初めての人にも「お世話になっております」と言うの?

あなたのその考えはよくわかります。ビジネスのシーンは、法人や個人事業主など、社会性をもって、社会と共存して成り立っています。したがって、その存在があること自体、社会の皆様に対してお世話になっている、という捉え方をするため、常套句として使用します。ただし、明らかに初めての相手とわかり、気持ちを込めて言えない場合は、「お電話ありがとうございます」などの言葉に置き換えてもよいでしょう。

❺ 名指し人を復唱する

電話をかけてきた相手の立場に立てば、話をしたい名指し人に替わることが、目的であり、重要なことです。ここで、あなたが取り次ぐ相手を間違えることのないよう、しっかりと名指し人を確認します。

名指し人を教えてもらったら、すぐに復唱して、確認します。

営業部部長の■■でございますね。少々お待ちいただけますか

ポイント▼社内の人は「身内」なので、社外の人の前ではたとえ上司であっても呼び捨てにします。また、敬語も使いません。役職は名前の前につけます。

❻ 名指し人への取り次ぎ方

保留ボタンを押してから、名指し人へ伝え、取り次ぎます。

■■部長、1番にマナー商事の◆◆様からお電話が入っています

ポイント1▼保留ボタンを押さずに、名指し人に伝えるのはNG。もし、保留ボタンがない電話機（たとえば、会社の電話番号を携帯電話使用にしている場合など）の場合は、受話器口を手で押さえ、名指し人に伝えましょう。受話器口を押さえずに、大声で名前を呼ぶのは厳禁です。電話をかけてきた相手に聞こえてしまいますし、職場の人にも迷惑をかけます。

ポイント2▼保留ボタンを押した後に、内線で名指し人に伝える場合は、内線番号を間違えないように。その分、電話の相手を待たせてしまうことになりますし、誤ってかけてしまった自社の人にも迷惑となります。

電話は、貴重な時間を費やしていただくものです。相手を待たせることのないよう、迅速に対応しましょう。

❼ 名指し人に取り次ぐことができない場合

名指し人が不在であったり、他の電話に出ている最中などで、取り次げない場合は、保留を解除し、電話の相手にその旨を伝えます。

話の順序は、次のとおりです。

（1）待たせたことへのお詫び
（2）取り次ぐことのできないお詫び
（3）その理由
（4）連絡がつくタイミング

お待たせいたしました（1）。
大変申しわけございません（2）。
ただ今■■は外出中でございまして（3）、
16時頃に戻ってまいる予定でございます（4）

ポイント▼相手の要望に応えることができないので、お詫びの言葉を伝えましょう。

❽ 今後の対策を提案する

取り次げない旨を伝えたら、今後の対策を提案します。

■■が戻ってまいりましたら、こちらから◆◆様へお電話を差し上げますが、ご都合はいかがでしょうか

ポイント▼最終的に、どのようにするかの決定権は、「いかがでしょうか」と、相手に委ねる言い方をし、相手の都合を優先させましょう。

❾ 相手・先方の連絡先を確認する

相手の要望に沿うよう、話がまとまったら、相手の都合に合う連絡先を伺います。

はい。かしこまりました。
それでは念のために、
◆◆様のお電話番号を伺ってもよろしいでしょうか

ポイント1▼携帯電話にかけてほしいと言われたら、「携帯電話の番号を教えていただいてもよろしいでしょうか」となります。

ポイント2▼事前にどの電話にかけるかまで、話ができていない場合は、「ご連絡先を

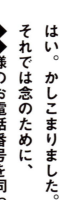

伺ってもよろしいでしょうか」と言います。

ポイント3▼仮に、名指し人が電話番号を知っているとしても、その番号に変更があるかもしれません。そこで連絡先を伺うときには、「念のために」というクッション言葉を添えて伺いましょう。

⑩折り返しの連絡先を復唱する

相手が折り返しの電話番号などを教えてくれたら、復唱します。

それでは復唱させていただきます。大阪06の1111の1111でよろしいでしょうか

ポイント▼すべての電話番号を一気に言い切るのではなく、地域名と市外局番、次の局番（市内局番）、最後の番号（加入者番号）、の3段階に分けて、それぞれに間を持たせて復唱すると、先方は確認しやすく、番号の間違いも訂正しやすくなります。

大阪06の（間）1111の（間）1111（間）でよろしいでしょうか

⓫ 感謝御礼のあいさつと約束

電話番号などの連絡先を教えていただいたことや、こちらの復唱を確認していただいたことに対して、感謝御礼の言葉を伝えます。また、電話があったことや折り返しの連絡をするよう、責任をもって名指し人に伝えることや、万が一のときの責任の所在をあきらかにするために、電話を受けたあなたの名前も伝えます。こうすることで、折り返しの連絡をしてもらえる、と相手は安心できます。

ありがとうございます
御礼

それでは、■■が戻りましたら、
必ず◆◆様へ電話をするように申し伝えます。
お電話を受けました、私、××と申します
約束・責任の所在

⑫ 電話の切り方

電話は「かけた側から先に切る」が原則なので、相手が切るのを待ちます。相手が切ったことを確認してから、ゆっくりと受話器を戻します。

電話は声だけのコミュニケーションです。職場での電話は、誰からかかってきたのか、また、かけた電話を誰が取るのかは、お互いが出るまでわかりません。それだけに不安を感じ、苦手意識を持つ方も多いと思います。しかし、反面、いい点もあります。それは、何かを見ながら話ができることです。ここでは、電話マイノートの作成と、その練習法を提案します。電話マイノートは、作成するのは大変ですが、一度つくっておけば、あとがラクになります。本書で参考になる箇所があれば、ぜひ、お役立てください。

電話マイノート

ステップ①▼かかってくる電話対策

- 電話応対基本用語集……**よく使う電話での言葉遣い**
- 職場内の座席表……**どこに誰が座っているか、すぐにわかるようにするため**
- 内線番号表……**職場の人の名前、役職、転送するときの内線番号**
- よくかかってくる取引先名簿……**会社名や担当者名、それに対する自社の担当者名**

- 電話応対マニュアル……取り次ぐときに、想定されるセリフをシチュエーション別に作成

ステップ②▼電話をかけるときの対策

- かける相手の情報……会社名、担当者名、用件
- 不在時の対処法……いないときには、どうするかを考えておく
- 対応マニュアルの作成……折り返しを依頼するときのセリフ
伝言を残すときのセリフ

ステップ③▼声に出して練習する

- 作成したマニュアルで練習……鏡の前でマニュアルを見ながら、声に出して練習する。練習すればするほど、あがることなく、スラスラと電話応対ができるようになれます

③苦手意識を克服するために、あえて積極的に電話に出てみる

- 場数を踏んで、慣れる→しだいに緊張しなくなる
- 取引先や、自社との関係、担当者を自然と覚えられる→スムーズに取り次ぐことができるようになる
- 相手に自分のことを覚えてもらえる→お互い親しみを持って会話をすることができ、緊張しなくなる

商談

入社後、社内外を問わず話をする場面はたくさんありますが、中でもこの商談は、もっとも重責を感じる場面ではないでしょうか。その責任を感じすぎて、成約させなければいけないなどというプレッシャーから、もともとあがり症の人は、ますますそれに拍車がかかってしまうことでしょう。

気持ちはよくわかりますが、第4章まででお伝えしたことを意識して、実践できることから始めれば、商談も必ずうまくいくようになります。

とはいえ、実際に、どのような話をして成約につなげればよいのか、その手順を知りたいという人は多いと思います。成約につながる話し方や会話術などはさまざまですが、ここでは、まずはあがらずに商談ができるようになるための、基本的な話の流れをお伝えし

ます。

「こんなこと言われなくても知っているよ」と思われる内容もあるかもしれません。しかし、「知っている」と「実践している」「できている」は、異なります。また、何よりも、成功する人は、基礎基本がしっかりとしていることをご存じでしょうか。「こんなこと」とつい思ってスルーしてしまわないことが、実は、何よりも大切なことなのです。基礎基本の土台がしっかりと形成されていれば、どんな局面に陥っても、必ず挽回、復活ができます。

また、応用力は、基礎基本ができているからこそ効くのです。

ぜひ、商談の基礎基本をしっかりと理解し、地道に、一歩一歩、積み重ねていってください。そうすることで気がつけば、自ずと結果がついてきます。

商談をスムーズに進め、あがらずに話すためには、次の3つを意識します。

①気遣い力
②アイスブレイク
③傾聴力

それぞれを、文例とともに解説してまいりましょう。

ポイント①▼気遣い力

コミュニケーションを取る中で、「気遣いのある一言が付け足せる」かどうかで、その結果は大きく変わります。理由は、人には感情があるからです。ビジネスに感情は御法度といいますが、それでも、商品の値段も形状も、会社の規模も何もかもが同じ2社と商談をした場合、最終的な決め手は、何になるでしょうか。それは、その商品を説明してきた担当者のマナー力に他なりません。だから、本書では、冒頭にマナーの大切さとその基本の5原則などをお伝えしています。

特に商談時は、その「始まり」と「終わり」に気遣い力が必要とされます。第一印象で、気遣いの一言を発することで、あなたは高得点からスタートすることができます。途中、緊張してうまく説明できないマイナスポイントが発生しても、高得点からスタートしているので、まだ余力があります。逆に、第一印象で高得点を取れず、平均点を取ってしまうと、不測の事態が起きたときに、評価点が一気にマイナスになる可能性もあります。第一印象は、表情や身だしなみなどで評価をされますが、相手の立場に立った気遣いの一言で、グッとその評価は高まります。人には感情があり、気遣い力は、人の感情で評価されます。

あなた

はじめまして、●●社の田中健人です。
本日はお忙しい中、お時間を頂戴し、ありがとうございます

相手

▲▲社の××です。
こちらこそ、わざわざお越しくださり、恐れ入ります

あなた

こちらは駅からとても近く、迷わずにたどりつくことができました。
天井も高く、窓も大きく、開放感と明るさもあり、
素敵なオフィスですね

相手

ありがとうございます。
弊社の社長は、訪問くださる方々や従業員のために、オフィスは駅から至近であることと、そこにいて居心地よく、快適な空間環境にこだわりを持っておりまして、そこを褒めてくださり、社長も喜ぶと思います

……

……

（商談中）

……

……

（商談が終わりに近づいて）

あなた

本日は貴重なお時間をいただき、ありがとうございました

相手

こちらこそ、ありがとうございました。
とてもいいご縁をいただき、感謝しています

あなた

恐縮です。そのようにおっしゃっていただけると光栄です。
御社のお役に立てるよう尽力いたしますので、
今後ともよろしくお願いいたします

相手
こちらこそ、よろしくお願いいたします。どうぞ気をつけてお帰りください

ポイント②▼アイスブレイク

話がスムーズに始められるか、ということは、思っている以上に商談で大切な要素です。いきなり本題を切り出せば、相手を構えさせてしまうかもしれません。かといって砕けすぎた話題を振ってしまえば、常識のない人だと思われかねません。

そこで、アイスブレイクを取り入れることが有効です。

アイスブレイクとは、氷を解かすという意味で、商談に入る前に軽いフリートークを入れることで、相手の警戒心を解きながら場を和ませ、それにより、自分の緊張を緩和することにもつなげることができるものです。アイスブレイクは一石二鳥の万能選手です。

アイスブレイクを取り入れるポイントは、ほどよい話題で、ほどよく盛り上がるテーマを選ぶことです。結果的に相手の心情をプラスにすることができれば、大成功です。

アイスブレイクとして、活用できるテーマ

●初対面の場合

（1）訪問先のオフィス周辺情報

「駅から近くて便利ですね」

「通りの向こうにある公園は緑が豊かで気持ちがいいですね」

（2）訪問時の感想

「眺めのいいオフィスですね」

「御社はみなさん、活気がありますね」

（3）本日を迎えるまでの御礼

「メールではご丁寧な道案内付きの地図を添付くださり、ありがとうございました」

「お電話で、何度もご対応くださり、ありがとうございました」

●面識のある相手の場合

（1）前回の御礼

「先日のお打ち合わせでは、大変お世話になりありがとうございました」

「先日のメールでは、大変参考になる資料をお送りくださり、ありがとうございました」

（2）前回話をした話題やその後のこと

「先日おっしゃっていたゴルフには、もう行かれましたか？」

「あれから、雪がかなり降りましたね」

（3）スポーツ・社会情勢など

「いよいよ、オリンピックが近づいてきましたね」

「昨晩は、ワールドカップを観て、徹夜してしまいました」

その他、新聞、雑誌、ウェブサイトやブログ情報などから、訪問先企業の旬なプラスとなる情報を得て、話題を振ることも有効です。

「新商品を発売されたそうですね」
「キャンペーンの反響はいかがですか」

また、「ご出身はどちらなのですか」など、個人的な質問は、まずは自分から伝えるのがマナーです。

「今年の大河ドラマは、私の故郷が舞台となっているので、地元は盛り上がっているようです」など、自分の情報をさりげなく伝え、相手から「鹿児島ご出身なのですか」と言っていただけるように誘導し、「はい、そうです」と答えたあとに、「●●さんは、どちらのご出身でいらっしゃいますか？」という具合に流れを持っていくと自然です。

ポイント③▼傾聴力

よい人間関係を築くには、コミュニケーションは必須です。中でも商談は、相手のニーズやウォンツに合ったものを提供しなければ、成立しません。それには、「聞く」ではなく、「聴く」力、すなわち、傾聴力は必須です。

私は、コミュニケーション能力を強化するために、研修や講義などで、マナーリトミック®という手法を取り入れます。これは、マナーと音楽療法とリトミックを三位一体化させた画期的な手法で、ストレス解消や、集中力、コミュニケーション能力の強化に大きな成果をあげるものです。この手法を取り入れることで、傾聴力も身につきます。マナーリトミック®は、音楽、音とともに、マナーを身につけていくものですから、「聞く」ではなく「聴く」力が自然と育まれます。

ご存じの方もいらっしゃると思いますが、「聞く」は、何となく、耳の右から聞こえ、左から出て行くようなイメージです。でも、聞いていることに間違いはありません。一方、「聴く」は、耳という漢字に、十四の心と書いて成り立つもの。両方を辞書で調べると、大きな違いがあります。それは、「聞く」は「音・声を耳に受ける」「耳に感じ取る」のに対して、「聴く」は、「心を落ち着け注意して耳に入れる」とあります。さらに、前者は「話を情報として受け入れる」に対し、後者は、「自らきく気になって、念を入れて、詳しくきく」ともあります。

「聞く」は、受動的であり、「聴く」は、能動的、自発的であります。これは、学生と社会人の違いに共通します。学生の本分は、勉強をすることで、授業は受け身でした。一方、仕事をしてその対価をもらう社会人の仕事は、受け身だけでは成り立たず、自発的に行動する能力が必要となってきます。したがって、私たち社会人の〝きく〟姿勢は、「聞く」ではなく「聴く」なのです。

先にご紹介したマナーリトミック®でも、音を自ら聴いて、即反応し、行動しなければならないので、受講者は、能動的に音に耳を傾け、集中して音を聴き、それに反応して行動することで、先手のコミュニケーション能力が養えて、周囲から評価され、できる人へと成長していくわけです。まさに、傾聴力が磨かれていきます。

これは、商談時にも必要な能力です。クライアントの話を、ただ聞いている人と、心を相手に集中させて、身を乗り出して心から話を聴いている人とでは、どちらが好印象でしょうか。

よく「聞き上手」という言葉を耳にします。これは、読んで字のごとく、相手の話を聞

くのがうまいということですが、正確には、「聴き上手」と書くほうがいいのかもしれませんね。また、「聞き上手は仕事上手」とも言いますが、これも、「聴き上手は仕事上手」ということでしょう。自分の話をするよりも、相手へ心を向けて、相手の話に心を開いて自ら念を入れ、相槌も巧みに使って、しっかりと聴くこと。これにより、商談成功に近づくことができます。

傾聴時の視線ですが、基本は、相手の目を見て頷くことです。

人前であがりやすい人は、相手の目を見ることが苦手な人も少なくありませんが、話しているときに目が合わないと、相手の立場から見ると「本当に聴いてくれているのかな」

と、不安になります。相手が楽しい話をしているときはその気持ちとイコールの笑顔で、反対に深刻な話をしているときは、その気持ちに寄り添うように、神妙な表情で聴き入り、相槌を打ってみましょう。

自然な相槌ができるようになったら、次は相槌にバリエーションを持たせてみましょう。

「それでどうなったのですか」
「そういったお考えなのですね」
「勉強になります」

など、「はい」や「ええ」よりも共感を示せる相槌となります。そして、「ええ」という言い方はしないようにしてください。上から目線だと感じる人も多く、オススメできません。

　また、聴き上手は、相手が話しているときに、決して途中で口を挟みません。あいさつは先手必勝ですが、本題である話は「聴く」ほうが有利です。相手の話を最後までよく聴いてから、こちらからのソリューションを提供すること。これによって商談の成約率はグンと高まります。もちろん相手との話もよい雰囲気で進められるので、「あがってしまう」確率も下がります。

　商談時も、相手が話すリズムや間に合わせながら、タイミングよく相槌を打つことを忘れずに、実践してみてください。

プレゼンテーション

プレゼンテーションというと、大勢の前で、プロジェクタやスクリーンを使って、商品説明や研究結果の発表をする大イベントを想像する人もいると思います。しかし、その規模の大小はありますが、日常のほとんどがプレゼンテーションの場だと思って私は生活しています。

たとえば、ごはんをつくって、家族に食べてもらうのもプレゼンテーションですし、掃除をした部屋を見てもらうのも、すべてプレゼンテーションです。もっとわかりやすく言うと、彼女に誕生日プレゼントを贈る、これもプレゼンテーションの一つです。ここで、少し注目してほしいのは、プレゼントとプレゼンテーションは、「プレゼン」まで、言葉が同じだということです。

Presentは、preとsentに分けることができます。Preは、接頭語で、「前に・あらかじめ」という意味になり、sentは動詞で、「送る・贈る・渡す」の意味になります。

そして、Presentationは、動詞presentの名詞形で、「紹介する」「提示する」「表す」という意味があり、Presentは、贈り物という意味です。

要するに、プレゼンテーションとは、相手に何かを紹介したり、提示したりすることで、「人前で話をすること」ではないのです。私たちはプレゼンテーションと聞くと、つい、「話をすること」と思いがちですが、それはどうやら勘違いのようです。

そう考えると、プレゼンテーションで、あがるとか、緊張する、という気持ちはなくなるのではないでしょうか。プレゼンテーションとは、「話す」よりも「魅せる（見せる）」ことのほうが重要なのです。極端にいえば、感じのよい表情、よい姿勢で、清潔感ある場に合った身だしなみをして、紹介したい製品を見せるだけでも、プレゼンテーションとなります。これだけであれば、あがらないのではないでしょうか。

しかし、ここで少し想像してみてほしいことがあります。それは、自社の新製品を導入してもらうために、競合他社もプレゼンテーションを行う場合です。あなたは、あがるから説明の言葉を発しない。一方、競合他社は、その製品のよさを言葉でも伝えていく。導入を検討しているお客様の立場に立ったとき、また、あなたがその立場であれば、与えられた持ち時間3分間のプレゼンテーション後、どちらの製品のことをより深く理解できるでしょうか。そして、どちらの製品を導入しようと思いますか。

もちろん、言葉はなくても、素晴らしいプレゼンテーションを行うことは可能です。しかし、一般的には言葉も伴っているほうが理解も深まり、その製品のよさも、お客様に与える利益も、深く伝わると思いませんか。だから、プレゼンテーションでも「話す」わけです。

あなたはもう社会人です。「私はあがり症だから」とか「緊張するから嫌だ」とか、そういうことを言ったり、思ったりしている場合ではないのですね。そういう思いは、今すぐ、あなたの中からなくしましょう。

私が社長を務めるヒロコマナーグループの一社であるウイズ株式会社には、マッキンゼー・アンド・カンパニー日本支社 クライアントコミュニケーション部門でマネジャーを務めていた講師や、アメリカのアパレル会社のカスタマーサービス部門のマネジャーで、店舗収益増に貢献した講師などの、外国人講師も多数在籍しています。彼らは、有名なTEDxにてプレゼンテーションのコーチも行っています。その彼らが共通して言うことは、「緊張しないために行うことは、成功をイメージすることだ」ということ。そして、プレゼンテーションで成功するための絶対条件は、次の3つだといいます。

① Focus on others……自分のことではなく、相手のことを考える
② Breathe……深呼吸・呼吸のコントロール
③ Prepare……準備する

いかがですか。この3つは、すでに本書でもお伝えしてきている内容とすべて同じですね。特に、1番の「Focus on others」は、まさしくマナーのことであります。本書で何度もお伝えしてきたように、私の師匠である西出ひろ子先生が提唱し続けている相手の立場に立つという真のマナーは、話し方、プレゼンテーション、営業、商談など、人間関係、ビジネスのすべてにおいて、成功・サクセスをもたらします。

「サクセスの法則」をご存じでしょうか。これは、『アイデアのちから』（日経BP社）の著者であるハース兄弟が提唱していることで、人の印象に残る話の共通点には、次の6つがあると言っています。

①Simple……単純性
②Unexpected……意外性
③Concrete……具体的
④Credible……信頼性
⑤Emotional……感情的
⑥Story……物語性

この中にも、今まで本書でお伝えしてきた項目がありますね。なぜこれが、「サクセスの法則」と呼ばれているかというと、英単語の頭文字をご覧ください。「success」サクセス、となります。

繰り返しになりますが、「人前でうまく話をしよう」と考えるのではなく、「人の印象に残る話をしよう」ということに、意識をフォーカスするのです。そうすれば、必ず成功します。あなたのプレゼンテーションは、必ず成功します。「サクセスの法則」にもあるとおり、話す内容は、シンプル・単純でいいのです。Simple is bestです。しかし、シンプルでいいからといって、具体的でなくてもよいというわけではありません。単純と簡単（手抜き）は異なります。簡単にしようと思うと、それは手抜きをしていることとなり、手抜きをすれば、具体的な内容にはならず、相手の心に残るプレゼンテーションにはなりません。

緊張しても、あがってもいいから、「成功」してください。そのためにも、本章で書いてきたこといる内容を、あなたのプレゼンテーションに取り入れてみてください。

プレゼンテーションは、「話す」ことではなく、「魅せる（見せる）」こと。そうです。プレゼンテーションは、聞く人を魅了することがポイントです。そのポイントを、コミュニケーションコンサルタントのカーマイン・ガロが、『スティーブ・ジョッブズ　驚異のプレゼン』（日経ＢＰ社）の中で、わかりやすく、10のポイントとして、まとめています。

聴衆を魅了するプレゼン10ヶ条

①テーマを明確に伝える
②情熱を見せる
③プレゼンの概略を示す
④数字に意味を持たせる
⑤忘れられない瞬間を演出する

⑥ **視覚に訴えるスライドを用意する**
⑦ **一つのショーとして見せる**
⑧ **小さなミスやトラブルに動じない**
⑨ **機能ではなくメリットを売り込む**
⑩ **繰り返しリハーサルをする**

とても具体的で、わかりやすくまとめられています。プレゼンテーションを控えているあなたは、ぜひ、これら10のポイントを取り入れて、読み上げる原稿ではなく、構成の台本を作成してみましょう。

特に注目したいのは、8番の「小さなミスやトラブルに動じない」というポイントです。今までもお伝えしてきたとおり、たとえ緊張して声が小さくなってしまっても、あがって耳が真っ赤になってしまっても、そういうことは気にしないでいいのです。あなたの心が聴き手に向けられていれば、必ず結果を出せます。

最後に、台本を作成するにあたり、参考にしていただく具体例をお伝えします。

④の「数字に意味を持たせる」ということについてお伝えしましょう。
次の2つのセリフを比べてみてください。

A
「このカバンには、ポケットが5つも付いています」

B
「このカバンには、お財布も、携帯電話も、キーケースも小銭入れも、ハンカチも手帳も、サングラスも、ペットボトルも、ノートパソコンも、タブレットも、またまた、定期券や保険証入れなど最低でも12個の物が入るポケットが5つも付いています」

いかがですか。Aは、「5」という数字で伝えていて、その数字は記憶に残ると思います。
一方、Bは、なかなか数字は出てきませんが、最終的には、2ヶ所に数字が出てきます。
どちらのほうが、そのカバンを実際に使って便利かどうかをイメージできるでしょうか。

Bのほうですね。そうなのです。数字に意味を持たせるということは、単に数字だけを示すのではなく、その意味、根拠となる具体的な内容を数字とともに訴えかけることで、よりわかりやすく、購買意欲につなげられます。

Bのセリフを準備しておけば、実際に携帯電話などをそのカバンのポケットに入れながら見せる（魅せる）ことも可能です。それが、⑥の「視覚に訴える」や⑦の「一つのショーとして見せる」にもつながります。さらには、その姿は②の「情熱」も感じさせます。

このように、一つを組み立てることで、他のポイントにもリンクできますから、ぜひ、チャレンジしてみてください。

朝礼などの手短なスピーチ

スピーチで大切なことは、「自分の立場=役割を心得ること」です。どんな場面で、誰に対して、どんな話をすることが求められているのかを考えましょう。

細かく分けると、次のようなものに気を配る必要があります。

- どんな場所で話すのか
- どんな相手に話すのか
- 聞き手は何人いるのか
- 聞き手の状態は立っているのか、座っているのか
- 何時に話すのか

- 過去には誰が話をしたのか
- どんな話題が取り上げられていたのか

それらを知ることで話の内容も話し方も見えてきます。

朝礼でのスピーチ例

みなさんおはようございます。本日も笑顔の金森です。
昨日、いつも当店をご利用くださるお客様から、
とても嬉しいお言葉をいただいたのでご紹介します。
そのお客様は、パートの仕事を終えてから、
毎日自転車で20分かけて
当店に買い物に来てくださっているそうです。
家の近くにもスーパーはあるそうですが、
わざわざ遠い当店をご利用くださるのは、

食品が新鮮なことはもちろん、
どのスタッフもいつも笑顔でキビキビ動き、
目が合うと明るくあいさつをしてくれて、
仕事の疲れも一瞬にして吹き飛ぶからだと言ってくださいました。
本当に嬉しいお言葉で、私の疲れもスーッと抜けていきました。
新入社員研修のとき、マナー講師の先生が
「あいさつ」の漢字の意味を教えてくださいました。
あいさつの挨には心を開く、
拶には近づくという意味があるそうです。
あいさつとは、まずはこちらから心を開いて相手に近づいていくこと。
あいさつは先手必勝ですが、
勝という漢字を〝笑〟に替えての
「先手必笑®」を心がけようという話を思い出しました。
今日から「春の行楽フェア」が始まります。
いつにも増して忙しくなりますが、
そんなときこそ先手必笑®のあいさつを心がけたいと思います。

本日も一日、笑顔で頑張りましょう！

朝礼などのスピーチでは、「何を伝えたいのか」ゴールとなる目的、テーマをしっかりと自分の中に落とし込んで話をすることが大切です。それには、「起承転結」でまとめるのが、有効です。

起	**あいさつ・名乗る**	1行目
承	**最近の実話**	2行目から13行目
転	**結果的には、「承」につながるエピソードを展開**	14行目から21行目
結	**まとめとあいさつ、モチベーションアップにつながる内容**	22行目以降

「起承転結」を意識してまとめたスピーチは、その日やその場で考えるのではなく、ふだんの仕事や、日常生活の中で見つけた気づき、アイデアをメモしておき、「何を伝えたいのか」という話のゴールから組み立てていくと、聞く人に伝わる内容になります。

面接

面接とは、面と面を接すること。すなわち、相手と顔を合わせて、コミュニケーションを取るということです。ですから、決して合否を決定づけるものではないという意識をもって臨めば、緊張の度合いも少なくなります。一口に「面接」と言っても、就職面接もあれば、部署移動に伴う面接など、さまざまです。また、上司との面談なども、面接とその目的やニュアンスに変わりはありません。ただ、私たちの勝手な先入観で、面接は緊張するもので、その合否で人生が変わる、くらいの大事であると思い込んでいるだけなのです。

私は現在も、学生の就職面接や、社会人の転職時の面接指導を行っています。先に、面接を大事と考えないでほしいとお伝えしましたが、もちろん、合否を伴う面接の場合は、み

なさんに合格してもらえるよう、指導をします。面接は、「新卒の面接」と「転職の面接」では、話し方のコツに違いがあります。

本書では、社会人経験のある転職者向けの面接について、お伝えします。

「転職の面接」では転職する理由（会社をかえる理由）を、面接担当者が納得するようにわかりやすく伝える必要があります。採用する側が求める能力を正しく把握し、この人になら安心して仕事を任せられると思ってもらえることがポイントです。

また、新卒とは異なり、これまでのキャリアや自分の持つ資格や能力が、採用側が求める能力と合致し、即戦力として働けるということをわかりやすく伝えられるように準備することが大切になります。

「転職の面接」の流れ

❶ 経歴の説明（自己紹介）

経歴は、あなたの自己紹介ともなる重要な箇所です。この経歴の説明で、何をしてきて、何ができるのかなど、あなたの仕事におけるスキルが評価されます。相手に理解してもらえるよう、わかりやすく、具体的に話をしましょう。

私は、○○百貨店で3年間、△△ブランドの鞄の販売をしておりました

ポイント▼最初にどこで何をしていたのか端的に説明。

当時、私が注力していたことは、お客様の情報管理です。
よくお越しいただくお客様の名前を覚え、
お話の内容やお好みをメモしておき、
お客様お好みの商品が入荷したときなどはご連絡を差し上げるなど、
お一人おひとりのお客様のお好みを把握し、

お客様に喜んでいただける情報提供を心がけました

ポイント▼自分ならではのエピソードを入れる。

その結果、前年比１５０％の売り上げを達成し、本社から表彰もされました

ポイント▼客観的に見てもわかりやすい数字や表彰の実績を伝える。

百貨店での３年間、お客様とよい関係を築き、商品をお買い上げいただけたことは、大変有り難く、感謝する毎日を過ごしておりました

ポイント▼何をしていたのかがわかるような言葉で締めくくる。

❷転職する理由

❶の話を聞くと、転職する必要性や理由がわからないケースが多くあります。ここでは、なぜ、転職をしたいと思っているのか、採用担当者が納得でき、かつ、自社に入社してほ欲しいと思ってもらえる内容を話します。

現在の会社には感謝もしており、
仕事にもやりがいを感じておりますが、
販売員として、これからは鞄だけではなく、衣服や靴なども含め、
お客様の生活により密着した商品を
トータルにコーディネートしてまいりたいと考えております。
そのために、カラーコーディネートや、

骨格診断などの資格も取得いたしました。

「衣食住」は、人間が生きていくうえで、欠かすことのできない大事なものです。

その中の「衣」の部分を仕事として担当させていただき、お客様の人生をより豊かに彩るお手伝いをしたいと思い、30歳を機に、転職を決意しました

ポイント▼今感じている不満や批判よりも、未来志向・ポジティブな考えで説明すると好印象。

❸ 志望動機

ここで、さらに採用担当者の気持ちをあなたに向けさせる必要があります。採用担当者が一緒に仕事をしたいと思えるような内容を、全身から人間味あふれる話し方で話します。

御社は、私の志す、お客様の「衣」のトータルコーディネートが可能な商品を幅広く、取り扱っていらっしゃるからです。そして、これまでのお客様対応のスキルを活かし、売上にも貢献してまいりたいと思っております。また、店頭にいらっしゃる社員のみなさんが生き生きとお仕事をなさっているお姿は、以前より注目しておりました。販売、接客スキルの高い御社の皆様と、ぜひ、一緒に働かせていただきたいと思っております。

ポイント1▼志望動機の結論から話す。
ポイント2▼過去の経験をどう活かすのかを伝える。
ポイント3▼社員の感じのよさを伝える。
ポイント4▼ぜひ、入社したいという意欲を伝える。

なお、その会社でなくてはならない理由については、インターネットの情報などを安易に流用するのではなく、自分自身が感じていることを素直に伝えましょう。他の応募者と同じことを話すのは避けます。

ポイント!
その会社でなくてはならない
理由については、
ネット情報などを
安易に流用するのではなく、
自分自身が感じていることを
素直に伝えると◎
ポイント!
今感じている不満や批判よりも、
未来志向・ポジティブな考えで
説明すると好印象です

❹質問

採用担当者から「何か質問はありますか」と聞かれたときには、次の点に注意しましょう。

言ってはいけない質問3ヶ条

(1) 応募先のウェブサイトなど、調べればわかるようなことは質問しない
(2) 有給休暇や残業の有無やその手当など条件面ばかり質問しない
(3) 離職率など、公開していない情報は、質問しない

（1）の、調べればわかるようなことを質問する人は、結局、企業研究をしていない、口先だけの人と思われる可能性がある。

（2）の、待遇などの条件面ばかりを質問する人は、結局、今の会社の条件に不満があり、仕事内容よりも、条件のよい会社があれば転職しようかな、くらいの人だと誤解される可能性がある。

（3）離職率を聞くのは、その会社の内情を探っていることとなり、採用側から見ると、心地よいものではない。また、このような公開していない情報を聞く人は、デリカシーのない人と思われる可能性も。

私は、基本的に、面接での質問はよほどの内容でない限りにおいては、しないほうがよいと思っています。そのときは、「何もありません」というのではなく、次のように答えましょう。

質問を聞いてくれた配慮に対する御礼

ありがとうございます。事前に、大変ご丁寧なアナウンスもあったので、

今は、特にございません。
採用側の丁寧な仕事ぶりを讃えているため、好印象
もし、採用いただけることが決まったら、
何か伺いたいことがあれば、
そのときにご質問させていただければ幸いです
まだ、採用が決定していない面接の段階で、
採用後のことを聞くことはせず、採用が決まったときには、
という一言と、その配慮に対し、高く評価される可能性大

面接の場合は、あらかじめ、何を尋ねられるのか想定できます。テーマごとに自分の考えをノートにまとめ、面接日まで自問自答してみます。

転職の面接の場合、企業は即戦力が欲しいので絶対評価になります。そこではマイナス点のつかない無難な回答では、「この人と一緒に働きたい」と思ってはもらえません。プラス点のつく、あなたならではの回答が必須だといえます。

結婚式・パーティーでのスピーチ

慶びの席である、結婚式やパーティーでのスピーチは、会場のおめでたいムードに大きな花束を贈ることと同様の意味を持ちます。ぜひ、華やかに、会場のみなさんの心に響くスピーチをいたしましょう。

基本的には、次の3つの構成で話を展開していくと、あがらずに成功します。

①初めのあいさつと簡単な自己紹介
②メインとなる具体的なエピソード
③結びのあいさつ

①

◯◯さん、△△さん、本日はご結婚おめでとうございます。

ご両家、ご親族の皆様にも心よりお慶び申し上げます。

私は、新婦△△さんの高校時代からの友人で、

同じテニス部に所属しておりました、◯◯△子と申します。

今まで私が知っている△△さんの中で、

本日ほど、

輝いている

△△さんを拝見するのは初めてなので、

もう何も言うことはないくらい、

嬉しい気持ちでいっぱいですが、

高校時代のお話をさせていただきます

②

△△さんは、抜群のテニスの技術に加えて、人望があり、大変人気者でしたので、テニス部のキャプテンとして活躍なさっていました。試合の前には、緊張する後輩一人ひとりに手紙を書いて勇気づけるなど、さりげない心遣いのできる優しい女性です。

おそらく、新郎の◯◯さんも、△△さんからの励ましメッセージに心打たれて本日を迎えているのではないでしょうか

ポイント▼エピソードの合間に、新郎新婦に語りかけると、聴衆を飽きさせることなくインパクトを与え、会場が盛り上がる。

キャプテンだった△△さんのおかげで、当時の部員同士は本当に仲がよく、今でも顧問の先生を交え、一年に一度は集まっています。ですから、きっと、これからも、◯◯さんと△△さんの新居には、多くの人たちが集い、温かいご家庭になると信じています

ポイント▼エピソードから、今後の二人の幸せな生活を想像させるように誘導する。

△△さんは、高校時代からずっと、私の自慢の友人です

ポイント▼新婦を讃える。

その他、メインの話は、エピソードや具体例を差し込んで、あなたにしか話せない内容を選ぶとよいでしょう。

③
○○さん、△△さん、お二人で幸せなご家庭を築いてくださいね。
お二人の末永いお幸せを心からお祈りしています。
本日は誠におめでとうございます

知らない人も多い、結婚披露宴などでのスピーチは、誰もが緊張する場面です。当日は、あなたのスピーチを笑顔で聞いて、応援してくれる人を一人でも多く増やしておくと、安心します。そのためにも、会場で出会った人には、自分から笑顔であいさつをしましょう。場合によっては、新郎新婦と自分の間柄を話しておいてもいいでしょう。

特に同じテーブルや隣接するテーブルの人には、きちんとあいさつをし、初対面であっても自分から話しかけ、簡単に新郎新婦との関係を話すと互いに安心です。

スピーチ前に、「もし、緊張してあがってしまったら、皆さんのほうを向きますので、エールを送ってください」などと、コミュニケーションを取り、打ち解けておくと、リラックスしてスピーチできます。もし、本当に緊張してあがりそうになってしまったら、笑顔で話を聞いてくれている人に目を向け、落ち着きを取り戻せばいいからです。

おわりに

「お母さん。来週、取引先の社長の前で、話をせなあかんねんけど、なんか緊張するわー。上手く話せるコツってある？」

東京で一人暮しをしている、社会人3年目の息子から、夜中1時に届いたLINEのメッセージ。

こんな夜中に連絡してくるなんて、「相当に悩んでいるのかな」と思い、すぐに電話をかけて、そのコツを伝えました。

後日、「上手くいったわ！」の言葉と、ありがとうのスタンプが届き、母として、また、一人のマナーと話し方の専門家として、嬉しく思ったことがありました。

このとき私は思ったのです。ふだん、そこまで人前であがることのない人でも、場合によっては、あがってしまうケースがあるということ。そして、わざわざ講習を受けるまでもないけれど、あがらずに話せる方法を学びたい人がいるという現実。

そう思ったとき、人前で話すことに悩んでいる皆さんの「母」になった気持ちで、本書の執筆に挑みました。

人は、どんなに緊張したり、あがったりしても、そこに確固たる「安心感」があれば、それを乗り越えることができます。それは、本書でもお伝えしたとおり、リハーサルをくり返し可変も行うことや、事前準備となる原稿づくり、また、日々の意識とあがり体質改善トレーニングをすることなどで得られます。そのノウハウが詰まった本書がお手元にあれば、あなたは安心して人前であがらずに話せるようになれます。私がそう断言できるのは、私自身がそれを実践して変わったからです。

私がなぜそうなれたのか。それは、「真のマナー」に出合えたからです。真のマナーを伝えているマナーコンサルタントの西出ひろ子先生に出会えたことで、話し方だけではなく、仕事も人生も大きく好転しています。OLから夢だったアナウンサーになり、結婚し、専業主婦だった私が、真のマナーを教えていただけたことで、今では思ってもみなかったことですが、会社の社長になり、また、拙著1冊目は発売1年も経たないうちに版を重ねベストセラーにもなっています。これほどまでに、結果の出る「真のマナー」の凄さに驚いていますし、感動もしています。

話し方で、あなたがなりたい自分になるための結果を出すのも同様です。まずは、本書でお伝えしているマナーをしっかりと身につけた上で、話し方のテクニックなどをあなたのものにしてください。そうすれば、必ず結果は伴います。

企業や個人の方に、それぞれのニーズに合った結果の出る話し方の指導をしている中で、真のマナーは不可欠です。この指導法は必ず結果を出すため、現在は、「結果を出す話し方講師養成講座」も行っているほどです。

はじめは、緊張して言葉に詰まっていた生徒が、私の伝えるマナーと話し方のトレーニングを受けることで、みるみるうちに自信を得て、楽しそうに話せるようになります。オリンピックなどでも、メダルをとる選手達は、一様に「競技を楽しみました！」と言います。そうです。本当は大舞台で緊張するはずなのに、結果を出す人は、最終的にそれを楽しいと思えるかどうかにつきます。だから私は皆さんに、人前で話すことを楽しんでいただきたいと思っています。

人は話し方に自信がつくと表情や態度にもそれが表れ、本来のその人らしさ、隠れていた魅力や能力が表に出てきて、人生まで好転し始めます。

さぁ、次に人生を好転させるのは『あなた』です！

「緊張してうまく話せない」「あがってしまう自分が嫌だ」だから、「あがらずに話せるようになりたい」そんな思いから、本書を手にとってくださったあなたに、心から感謝します。また、緊張してあがっていた過去のあなたにも感謝しています。なぜならば、そういうあなただったから、今、こうして本書を通じて出会えたからです。

そして、この出会いをつくってくださったプレジデント社の皆さんにもこの場を借りて御礼申し上げます。

最後に、「謝辞無用」とおっしゃった西出ひろ子先生、夜中に電話をかけてきた愛する息子、そして、マナーある話し方コミュニケーションの大切さを深く探求するきっかけをつくってくれた天国の父と夫、そして母に感謝しつつ、筆を置かせていただきます。

皆様、本当にありがとうございます。

『入社1年目 人前であがらずに話す教科書』を読んでくださった方が、それぞれの場で大活躍されることを心より願っております。

2018年3月

話し方マナーコミュニケーション講師　金森たかこ

［主要参考文献（順不同）］
『かつてない結果を導く 超「接待」術』西出ひろ子（青春出版社）
『頭がいい人のマナー 残念な人のマナー』西出ひろ子（すばる舎リンケージ）
『超一流のビジネスマンがやっているすごいマナー』西出ひろ子（ぱる出版）
『人は見た目が9割』竹内一郎（新潮社）
『アイデアのちから』チップ・ハース、ダン・ハース（日経BP社）
『スティーブ・ジョブズ 驚異のプレゼン』カーマイン・ガロ（日経BP社）
『入社1年目 ビジネスマナーの教科書』金森たかこ（小社刊）

著者紹介　金森たかこ

話し方マナーコミュニケーション講師・マナー講師。一般社団法人マナー教育推進協会代表理事副会長。ウイズ株式会社 社長。office T 代表。

大阪府出身、京都市在住。大手食品メーカー人事部にて人材育成・秘書業務などに携わった後、フリーアナウンサーとして独立。ニュース・情報番組をはじめ、テレビ・ラジオを中心にインタビュアー・司会・ナレーションなど、関西を拠点に声と話し方、コミュニケーションの仕事に携わる。その後、マナーコンサルタント西出ひろ子氏に師事し、ビジネスマナー講師として、企業、行政機関、病院・歯科医院などの医療機関などにて、講演・研修・コンサルティングを行う。アナウンサーとして培った、話し方やボイストレーニングを取り入れた、コミュニケーション能力向上を軸とした独自の講義スタイルに定評がある。学生から経営者まで幅広くマナーある話し方の指導を行い、人前で話せないあがり症の受講者たちをあがらずに話せるように改善させている実績多数。2015年、業界初の「マナーリトミック®」認定講師として、マナーリトミック®を用いた画期的な話し方マナー研修を企業や高齢者に向けて展開し、好評を得ている。

ドラマのマナー指導や、テレビ番組、雑誌などのメディアでも活躍中。2016年、皇太子殿下ご臨席の「第40回全国育樹祭」にてマナーある司会を担当し、2017年京都府知事より感謝状を贈呈された。リクナビやDODAなどにて、連載・執筆・監修多数。著書に『入社1年目 ビジネスマナーの教科書』(小社刊)がある。

- 企業研修・コンサルティング　http://www.withltd.com
- 大人のマナースクール　http://www.fastmanner.com

監修者紹介　西出ひろ子

マナーコンサルタント・美道家。ヒロコマナーグループ代表。ウイズ株式会社 代表取締役会長。HIROKO ROSE 株式会社 代表取締役社長。一般社団法人マナー教育推進協会代表理事。

大分県出身。大妻女子大学卒業後、国会議員・政治経済ジャーナリストの秘書などを経てマナー講師として独立。31歳でマナーの本場・英国へ単身渡る。英国にて当時、オックスフォード大学大学院遺伝子学研究者だったビジネスパートナーと起業し、相互をプラスに導くヒロコ流マナー論を確立させる。帰国後、300社以上の企業で、10万人以上に対し、マナー研修やおもてなし、営業接客マナー研修、マナーコンサルティングなどを行い、他に類をみない唯一無二の指導と賞賛される。クライアントの収益増と人財の育成を実現し続けているその実績は、テレビや新聞、雑誌などにてマナー界のカリスマとして多数紹介。「マナーの賢人」として「ソロモン流」(テレビ東京)などのドキュメンタリー番組でも報道された。また、経営者やVIP、エグゼクティブ向けの話し方やプレゼンテーション、服装・異文化コミュニケーションなどの指導を行うトータルプロデュースの実績も多数。NHK大河ドラマ「花燃ゆ」「龍馬伝」、映画「るろうに剣心 伝説の最期編」など、ドラマや映画、書籍等でのマナー指導・監修者としても活躍中。著書に、28万部突破の『お仕事のマナーとコツ』(学研プラス)、『かつてない結果を導く超「接待」術』(青春出版社)など国内外で80冊以上がある。

- ヒロコマナーグループ　http://www.hirokomanner-group.com

イラストでまるわかり!
入社1年目
人前であがらずに話す教科書

2018年3月16日　第1刷発行

著　者　　金森たかこ

発行者　　長坂嘉昭
発行所　　株式会社プレジデント社
〒102-8641　東京都千代田区平河町2-16-1
http://www.president.co.jp/
電話：編集（03）3237-3732
　　　販売（03）3237-3731

監　修　　西出ひろ子

構　成　　遠藤由次郎
装　幀　　仲光寛城
編　集　　岡本秀一
制　作　　佐藤隆司（凸版印刷）
販　売　　桂木栄一、高橋 徹、川井田美景、森田 巌、
遠藤真知子、末吉秀樹
印刷・製本　凸版印刷株式会社

ISBN 978-4-8334-2267-3
Printed in Japan